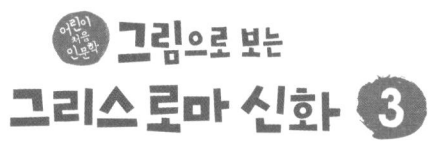

그림으로 보는
그리스 로마 신화 ③

개정판 1쇄 발행 2022년 3월 10일
개정판 7쇄 발행 2024년 12월 30일

글 스카이엠 | **그림** 일러스툰

발행인 오형석
편집장 이미현 | **편집** 정은혜 | **디자인** 이희승
발행처 (주)계림북스
신고번호 제2012-000204호 | **등록일자** 2000년 5월 22일
주소 서울시 마포구 창전로 74 여촌빌딩 3층
대표전화 (02)7079-900 | **팩스** (02)7079-956
도서문의 (02)7079-913
홈페이지 www.kyelimbook.com

ⓒ계림북스, 2022
이 책에 실린 글과 그림, 사진의 무단 전재나 복제를 금합니다.

ISBN 978-89-533-3448-9 74800 | 978-89-533-3445-8(세트)

그림으로 보는 그리스 로마 신화 ③

어린이 처음 인문학

글 스카이엠 | 그림 일러스툰

계림북스
kyelimbooks

세상과 함께 태어나
지금도 살아 숨 쉬는 이야기

여러분은 신을 믿나요? 사람의 힘으로 해결하지 못하는 문제가 생겼을 때, 우리는 신에게 매달립니다. 오랜 옛날부터 사람들은 신에게 의지하며 살아왔지요.

지금처럼 과학이 발달하지 않았던 시절, 세상은 두려움으로 가득했어요. 파도가 덮치고, 화산이 폭발하고, 번개가 내리치는 모습이 얼마나 무서웠을까요?

사람들은 지혜와 상상력으로 무시무시한 공포를 이겨 냈어요. 번개를 던지는 제우스, 파도를 일으키는 포세이돈, 인간을 위해 불을 훔친 프로메테우스를 상상하며 온갖 두려움을 떨쳤지요.

'그리스 로마 신화'는 전 세계적으로 널리 알려진 이야기예요. 철학, 역사, 예술 등 모든 학문의 뿌리이기에 세상을 이해하는 데 큰 도움이 되지요.

 그래서 신화는 케케묵은 옛날이야기가 아니라, 살아 숨 쉬는 지금 이 순간의 이야기랍니다.

 인간을 꼭 닮은 신의 모습은 우리에게 많은 것을 가르쳐 줍니다. 서로의 마음을 이해하며 세상을 살아갈 특별한 힘을 주지요. 특히, 사람에 대해 고민하고 더 나은 삶으로 향하는 '인문학'을 배울 수 있어요. 고대 로마의 철학자 키케로는 "인문학은 삶을 풍요롭게 하고, 마음에 평화를 가져다 준다."라고 말했어요.

 신화 속 매력 넘치는 개성 만점 신들을 만나면, 사람과 세상을 사랑하는 마음이 절로 생겨날 거예요. 지금부터 신들의 이야기 속으로 여행을 떠나 볼까요?

스카이엠

차례

신들의 행복한 시간

- **신에게 축복을 받았어요** ········· 12
  - 조각상을 사랑한 피그말리온
  - 공주를 구한 페르세우스
  - 저를 이기는 자와 결혼하겠어요

신화 배움터 간절히 바라면 이루어진다? ········· 18

- **사랑으로 맺어진 커플** ········· 20
  - 할머니로 변신해 사랑을 얻었어요
  - 바닷물이 샘물을 만났을 때
  - 이피스가 여자에서 남자가 되었어요

신화 배움터 오비디우스의 〈변신 이야기〉 ········· 26

- **운명을 바꾼 위대한 사랑** ········· 28
  - 테티스가 영웅을 낳았어요
  - 양치기가 왕이 되었어요

- **용기를 주는 가족들** ········· 32
  - 어머니의 지혜로 꿀벌을 살렸어요
  - 뱀이 특별한 능력을 주었어요
  - 새가 되어 날아간 자매
  - 자식을 구한 어머니의 사랑

신화 놀이터 숨은 그림 찾기 ········· 40

비극적인 사랑 이야기

- **신의 저주를 받았어요** ········· 44
  - 메아리가 된 수다쟁이, 에코
  - 오해예요, 오해!
  - 신을 괴롭힌 자, 벌을 받으리
  - 불길한 운명을 타고난 오이디푸스
  - 피할 수 없는 운명
  - 안티고네가 아버지와 오빠를 지켰어요

신화 배움터 수수께끼를 맞혀라! ········· 56

사랑의 다른 이름, 용기

- 이루어질 수 없는 사랑 ········· 58
  - 연인들의 바위에서 몸을 던졌어요
  - 아름다운 여신의 못생긴 아들
  - 미르라는 몰약나무가 되었어요
  - 오빠만 사랑할래요

- 사랑은 나만의 것! 이기적인 사랑 ········· 66
  - 배신하고 배신 당한 스킬라
  - 약속을 잊은 로이코스가 장님이 되었어요
  - 북쪽 바람의 아내가 되었어요
  - 여왕이 세운 나라, 카르타고
  - 배신을 복수로 갚았어요

- 신화 배움터 빛나는 북극의 오로라 ········· 76

- 질투에 눈이 멀었어요 ········· 78
  - 괴물에게 쫓겨 다니는 연인
  - 마녀의 저주에 걸린 스킬라
  - 죽어서도 복수를 한 네소스
  - 키벨레는 남자면서 여자예요

- 신화 놀이터 미로 찾기 ········· 86

- 나를 희생하는 용기 ········· 90
  - 당신을 대신해 죽겠어요
  - 아버지를 위해 노예가 되었어요
  - 우리 아버지를 못 보셨나요?

- 신화 배움터 〈일리아스〉와 〈오디세이아〉 ········· 96

- 죽음도 두렵지 않은 사랑 ········· 98
  - 서로를 따라 목숨을 끊었어요
  - 질투해서 벌을 받았어요
  - 샘이 된 에게리아 왕비

- 신화 배움터 쌍둥이 형제가 세운 나라 ········· 104

- 은혜와 자비를 베푸는 마음 ········· 106
  - 돌고래가 아리온의 생명을 구했어요
  - 영웅들이 시인을 구했어요

- 슬프고도 아름다운 사랑 ················ 110
  - 태양마차를 몰다 벼락을 맞은 파에톤
  - 폭풍도 갈라놓지 못한 사랑
  - 울고 울고, 또 우는 에오스

신화 놀이터 점 잇기 ················ 116

신과 인간을 묶어 주는 끈

- 사랑의 신 에로스의 활약 ················ 120
  - 어머니 말을 어기고 사랑에 빠졌어요
  - 남편의 정체를 알게 되었어요
  - 아프로디테의 세 가지 시험
  - 영원한 사랑을 얻은 에로스와 프시케
  - 에로스가 저지른 운명의 장난
  - 사랑 앞에서 자만하지 말라!

신화 배움터 프시케가 나비 날개를 단 이유 ········ 130

- 사랑에 휘말린 신들 ················ 132
  - 부부가 뱀이 되었어요
  - 영원히 슬퍼하는 늘 푸른 나무

- 너만을 사랑해! 지독한 짝사랑 ················ 136
  - 언니보다 내가 더 예뻐!
  - 해만 바라보다 해바라기가 되었어요
  - 공주가 까마귀로 변했어요
  - 평생 잠자는 사랑
  - 클로리스가 꽃의 여왕이 되었어요

신화 배움터
옛날에도 장난감을 가지고 놀았을까요? ········ 146

신화 놀이터 연결하기 ················ 148

아직도 못 다한 사랑 이야기

- **부부의 애절한 사랑** ········· 152
  - 죽음도 우리를 갈라놓을 수 없어요
  - 절대 뒤를 돌아보지 마!
  - 저 하늘에서 영원히 함께해요
  - 물총새가 된 다정한 부부
  - 남편을 기다리는 페넬로페
  - 영원한 젊음을 부탁할걸!
  - 모든 어려움을 이겨 낸 사랑

- **못 말리는 사랑** ········· 166
  - 갈대 피리가 된 시링크스
  - 여신의 장난에 깜빡 속았어요
  - 야누스가 장난꾸러기 여신을 사로잡았어요

  신화 배움터 인간은 원래 한 몸이었다? ········· 172

- **숨겨진 비밀 이야기** ········· 174
  - 여자가 되었다가 남자가 되었다가
  - 장님이 되었지만 지혜를 얻었어요
  - 파마는 이야기 여신이에요

신화 배움터 태양계를 맴도는 신들 ········· 180

신화 놀이터 다른 그림 찾기 ········· 182

신화 놀이터 정답 ········· 184

〈부록〉 신화 캐릭터 카드

그리스 로마 신화는 신들의 이야기지만 인간이
느끼는 기쁨, 행복, 슬픔과 미움 등 여러 감정이 다채롭고
풍부하게 들어 있어요. 그중에 최고는 역시 사랑 이야기지요.
신화를 읽다 보면 두근두근, 애타는 사랑 이야기가 참 많이 나와요.
그중에서도 달콤하고 행복한 이야기를 먼저 만나 볼까요?

신들의 행복한 시간

기다려요, 아탈란테!

신에게 축복을 받았어요

조각상을 사랑한 피그말리온

피그말리온은 유명한 조각가예요. 솜씨가 뛰어나 인기가 많았지요. 하지만 수줍음이 많아 여자와 눈도 맞추지 못했어요. 결혼은 생각조차 할 수 없었지요. 그러던 어느 날, 그가 처녀 조각상을 완성했어요. 아름다운 얼굴에 살결까지 매끄러워 마치 살아 있는 듯했지요. 그는 자신이 만든 조각상에 반해 옷을 입히고, 보석도 선물했어요. 그러고는 조각상을 '사랑하는 아내'라고 불렀어요.

어느 날, 아프로디테 여신을 기리는 축제가 열렸어요. 피그말리온은 여신에게 제물을 바치며 처녀 조각상을 진짜 아내로 만들어 달라고 간절히 빌었어요. 밤늦게 집에 돌아온 그가 조각상에 입을 맞추자 놀라운 일이 일어났어요. 입술이 따뜻해진 조각상이 두 팔로 그를 꼭 안아 주는 거예요. 피그말리온과 처녀는 당장 결혼식을 올렸어요. 그의 소원을 들어준 아프로디테도 둘의 결혼을 축복해 주었답니다.

축하해!

공주를 구한 페르세우스

에티오피아 왕국의 왕비 카시오페이아는 늘 잘난 척을 했어요. 화려하게 꾸미고 뽐내길 좋아했지요. 왕비는 자기 딸인 안드로메다 공주가 바다의 님프 네레이스보다 더 아름답다고 떠벌리고 다녔어요.
화가 난 바다의 님프들은 이 일을 포세이돈에게 일렀어요. 그러자 포세이돈이 에티오피아 왕국에 바다 괴물을 보냈어요. 바다 괴물이 사람들을 마구 해치자 왕국은 뒤죽박죽이 되었어요. 포세이돈의 화를 풀 방법은 딱 하나, 안드로메다 공주를 바다 괴물에게 바치는 것이었어요.

안드로메다 공주는 결국 바위에 쇠사슬로 꽁꽁 묶였어요. 때마침
천마를 타고 하늘을 날던 영웅 페르세우스가 그 모습을 보았어요. 그러자
공주의 아버지 케페우스 왕이 그에게 공주를 구해 달라고 부탁했어요.
그러면 공주와 결혼을 시키고 나라를 주겠다고요.
얼마 뒤, 바다 괴물이 공주를 잡아먹으려고 했어요. 페르세우스가 재빨리
날아올라 청동 낫으로 바다 괴물을 공격했어요. 숨 막히는 싸움 끝에 괴물이
쓰러졌어요. 용감한 영웅과 공주는 신들의 축복 속에서
결혼식을 올렸답니다.

저를 이기는 자와 결혼하겠어요

그리스에서 달리기를 가장 잘하는 사람은 아탈란테예요.
아탈란테는 나비보다 가볍고 바람보다 빠르게 들판을 뛰어다녔어요.
게다가 무척 예뻐서 결혼해 달라는 남자가 한둘이 아니었지요.
아탈란테는 아폴론 신전에 찾아가서 누구와 결혼하면 좋을지 물었어요.
그런데 뜻밖에도 결혼하면 불행해진다는 말을 들었어요. 아탈란테는
평생 혼자 살겠다고 했지만 고백하는 남자가 끊이질 않았어요. 결국 그녀는
자신과 달리기 시합을 해서 이기는 사람과 결혼하겠다고 했어요.

수많은 남자가 도전했지만, 아무도 그녀를 이기지 못했어요.
그러자 청년 히포메네스가 꾀를 냈어요. 사랑의 여신 아프로디테에게
황금 사과를 받아 온 거예요.
히포메네스는 달리기가 시작되자, 그는 아탈란테 쪽으로 황금 사과 세 개를
굴렸어요. 아탈란테가 발길을 멈추고 눈부신 황금 사과를 주웠어요.
그 틈에 히포메네스가 그녀를 앞질러 시합에서 이겼지요. 히포메네스는
아프로디테 덕분에 아탈란테를 아내로 맞이했어요.

간절히 바라면 이루어진다?

조각상이 진짜 사람이 되다니! 신화에나 나오는 가짜 이야기라고요? 하지만 세상에는 이런 놀라운 일들이 종종 일어난답니다. 그 기적 같은 일을 '피그말리온 효과'라고 불러요. 피그말리온 효과란 '간절히 원하면 이루어진다.', 또는 '누군가를 진심으로 응원하면 꿈이 현실이 된다.'라는 뜻이에요. 말썽꾸러기 학생도 선생님의 칭찬 한마디에 훌륭한 사람이 될 수 있어요. 큰 병에 걸린 환자에게 의사가 꼭 나을 거라고 믿음을 주면 정말로 병이 나을 수도 있고요.

대한민국 월드컵 4강 신화!

'꿈은 이루어진다!' 이 말은 2002년 월드컵 경기에서 우리나라의 응원 문구였어요. 모든 국민이 마음을 모아, 대한민국 축구팀이 잘 해내기를 간절히 바랐어요. 결국 우리나라는 뜨거운 응원과 기대에 힘입어, 당당히 4강에 올랐지요. 이처럼 피그말리온 효과는 신화에서만 일어나는 이야기가 아니에요. 진실한 믿음과 소망은 때로 놀라운 기적을 불러온답니다.

누가 내 얘기를 하나….

후비적…

사랑으로 맺어진 커플

할머니로 변신해 사랑을 얻었어요

숲의 님프 포모나는 과수원 가꾸기를 가장 좋아했어요.
그런데 오로지 나무와 꽃에만 마음을 쏟을 뿐, 남자에는 관심이 없었어요.
오히려 남자가 과수원에 함부로 들어올까 봐 늘 걱정이었죠. 그래서
포모나는 과수원 문에 큰 자물쇠를 채웠어요. 계절의 신 베르툼누스는
그런 포모나를 짝사랑했어요. 그녀에게 다가갈 방법을 궁리하던 끝에,
변신을 하기로 했지요. 농부, 정원사, 군인으로 모습을 바꾸어 가며
포모나의 마음을 얻으려고 했어요.

그래도 소용이 없자, 이번에는 할머니로 변신해 포모나를 찾아갔어요.
포모나는 의심 없이 과수원 문을 활짝 열어 주었지요.
정원에 들어선 베르툼누스는 과수원이 그림처럼 아름답다고 칭찬했어요.
그러고는 포모나에게 슬픈 사랑 이야기를 들려주며 사랑을 피하지만 말고
받아들이라고 말해 주었어요. 이야기를 마친 그는 원래 모습으로
돌아왔어요. 포모나는 깜짝 놀랐지만, 이미 마음은 베르툼누스에게
가 있었어요. 둘은 사이좋게 손을 잡고 꽃길을 걸었어요.

바닷물이 샘물을 만났을 때

햇볕 쨍쨍한 여름날이었어요. 알페이오스가 숲에 사냥을 하러 갔어요. 알페이오스는 정신없이 사냥을 하다 보니, 온몸이 땀에 젖었어요. 그래서 차가운 샘을 보자마자 풍덩 뛰어들었어요. 강의 신인 그는 물에 들어가자마자 샘물로 변했어요. 그런데 알고 보니, 자기 혼자가 아니었어요. 사냥의 여신 아르테미스의 시녀 아레투사가 샘에서 목욕을 하고 있었지요. 알페이오스는 그 어여쁜 모습에 반해 버렸어요.

당신을 만나기 위해 바닷물이 되었소.

깜짝 놀란 아레투사가 샘물 밖으로 뛰쳐나가자, 그가 사람으로 변신해
뒤따라갔어요. 아레투사는 땅끝까지 도망쳤지만 더는 피할 길이 없었어요.
그래서 아르테미스 여신에게 도와 달라고 외쳤어요. 아르테미스는
큰 구름 속에 그녀를 숨겨 주었어요. 그녀는 구름 속에서 샘물로 변해,
갈라진 땅 틈으로 흘러들어 갔어요. 그러나 알페이오스는 포기하지 않고
바닷물로 변해, 그녀가 오기를 기다렸지요.
얼마 뒤, 그는 바닷물이 되어 다가온 아레투사를 다시 만났답니다.

이피스가 여자에서 남자가 되었어요

크레타 섬에 한 부부가 살았어요. 남편은 곧 태어날 아기가
아들이기를 애타게 바랐어요. 아내는 남편이 아기가 딸이면
기르지 않겠다고 할 정도여서 가슴이 조마조마했어요.
그런데 딸이 태어나자, 겁이 난 아내가 아들이라고 거짓말을 했어요.
아기는 '이피스'라는 이름으로 정체를 숨긴 채, 사내아이로 자랐어요.
이피스가 여자라는 사실은 오직 어머니만 알았지요.

신들의 행복한 시간

이피스가 결혼할 때가 되자, 아버지는 이안테라는 예쁜 처녀를 소개해 주었어요. 둘은 서로가 마음에 쏙 들었어요. 사랑이 깊어질수록 이피스는 괴로웠어요. 꼭꼭 숨겨 온 비밀이 들통날까 봐 불안했거든요.
결혼식이 점점 다가오자, 어머니가 이피스를 데리고 신전으로 갔어요. 이피스는 진짜 남자가 되게 해 달라고 이시스 여신에게 빌었어요. 그러자 이피스는 몸에 근육이 붙고, 목소리도 굵어졌어요. 이시스의 도움으로 진짜 남자가 된 거예요. 이피스와 이안테는 행복한 결혼식을 올렸답니다.

오비디우스의 <변신 이야기>

그리스 로마 신화에는 신들이 원하는 모습으로 변신하는 이야기가 많이 나와요. 순식간에 모습을 바꾸어 다른 사람이나 동물, 식물로 변하기도 해요. 때로는 무서운 괴물로 변신해 모두를 깜짝 놀라게 만들어요. 심지어 바람이나 거품, 샘물로 모습을 바꾸어 세상을 자유롭게 여행하기도 해요.
이런 변신 이야기는 언제나 흥미롭고 신기해요. 옛날 로마 시대의 시인이자 작가인 오비디우스도 변신 이야기를 좋아해서, 책으로까지 펴냈답니다.

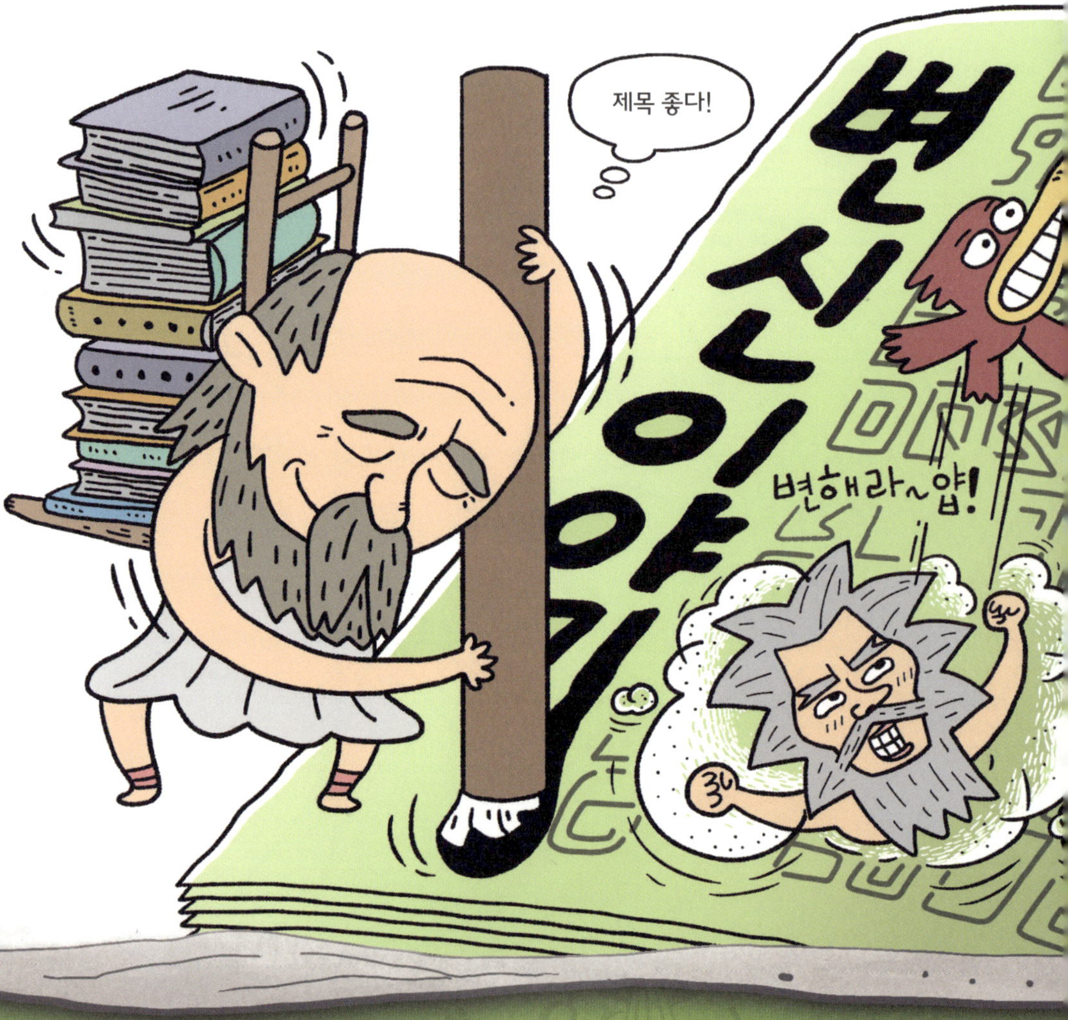

오비디우스는 그리스 신화를 모은 뒤, 로마 말로 바꾸어 모두 15권의 《변신 이야기》를 썼어요. 그리스 신화와 로마 신화는 같은 이야기예요. 주인공들의 이름만 로마 식으로 바꾼 것이지요.

오비디우스는 상상력이 풍부하고 창의력이 뛰어났어요. 그래서 그리스 신화를 로마 말로 더 감동적이고 재미나게 썼지요. 《변신 이야기》는 당시 사람들에게 널리 읽혔어요. 이 책은 지금까지도 우리 곁에 있답니다.

운명을 바꾼 위대한 사랑

테티스가 영웅을 낳았어요

유달리 아름다웠던 바다의 님프 테티스는 올림포스 남자 신들의 사랑을 한 몸에 받았어요. 바다의 신 포세이돈과 제우스도 테티스를 무척 좋아했지요.
우쭐해진 테티스는 자신이 최고의 여신이 될 거란 꿈에 부풀었어요. 그때 프로메테우스가 불길한 예언을 했어요. "테티스가 낳은 아들이 아버지보다 훌륭하게 된다."는 거였어요. 신들은 자신보다 더 훌륭한 아들을 원하지 않았어요. 그러니 아무도 테티스를 거들떠보지 않았지요.

신들의 행복한 시간

하지만 여전히 그녀를 사랑하는 사람이 있었어요. 바로 펠레우스예요. 그는 테티스가 위대한 신들만 좋아해도 포기하지 않고 그녀를 사랑했어요. 묵묵히 곁에 머무르며 테티스를 지켜 주었지요. 마침내 테티스도 그의 진심에 감동받았어요. 테티스와 펠레우스는 결혼하여 그리스에서 가장 위대한 영웅, 아킬레우스를 낳았답니다.

양치기가 왕이 되었어요

제우스가 또다시 사랑에 빠졌어요. 그 상대는 테베 왕국의 공주, 안티오페였어요. 하지만 겁 많은 공주는 제우스에게서 도망치기 바빴어요. 그러자 제우스는 장난꾸러기 괴물, 사티로스로 변신했어요. 이마에는 작은 뿔이 돋고 다리는 염소였지만, 얼굴은 사람이었지요. 공주는 그와 연인이 되었어요. 뒤늦게 사티로스가 제우스라는 사실을 알았지만, 이미 그의 아기를 밴 뒤였지요. 공주는 남들 눈을 피해 숲에서 몰래 쌍둥이를 낳았어요. 아기들의 이름은 암피온과 제토스였어요.

신들의 행복한 시간

오빠 리코스는 동생 안티오페 공주에게 화가 났어요.
그래서 쌍둥이를 빼앗아 숲에 버리고 공주는 궁전의 시녀로 만들었어요.
그런데 지나가던 양치기가 아기들을 데려다 키웠어요. 암피온은 커서
양치기가 되었어요. 어느 날 어머니 안티오페가 찾아와 눈물을 흘리며
모든 사실을 털어놓았어요. 암피온은 양치기들을 이끌고 궁전으로 쳐들어가
리코스를 몰아냈어요. 그리고 테베 왕국의 위대한 왕이 되었답니다.

잘 어울려요!

용기를 주는 가족들

어머니의 지혜로 꿀벌을 살렸어요

맨 처음 '꿀벌에게 꿀을 얻는 방법'을 알아낸 건 누구일까요?
바로 아리스타이오스예요. 그는 꿀벌 치는 일이 자랑스럽고 즐거웠어요.
그러던 어느 날, 꿀벌들이 모두 죽었어요. 아리스타이오스는 깜짝 놀라서
그 길로 어머니인 키레네를 찾아갔어요. 그녀는 강물에 사는 님프예요.
키레네는 프로테우스에게 도움을 청하라고 했어요. 프로테우스는
앞날을 내다보고 문제를 해결하는 힘이 있었거든요.

아리스타이오스는 고민이 되었어요. 콧대 높은 프로테우스에게
도움을 청할 용기가 없었거든요. 어머니는 망설이는 아들에게
신들의 음료인 '넥타르'를 뿌렸어요. 그러자 용기가 솟아났어요.
그는 프로테우스를 보자마자, 쇠사슬로 꽁꽁 묶고 꿀벌을 살려 달라고
했어요. 꼼짝 못하게 된 프로테우스는 순순히 방법을 알려 주었어요.
"신들에게 황소와 암소를 네 마리씩 바쳐라."
아리스타이오스는 어머니의 지혜 덕분에
꿀벌들을 되살렸답니다.

우리가 무슨 죄람.

모두 어머니 덕분이에요!

뱀이 특별한 능력을 주었어요

옛날 그리스의 이올코스 왕국에 사이좋은 왕자 형제가 살았어요. 형 비아스와 동생 멜람푸스예요. 어느 날 멜람푸스가 하인들이 뱀을 잡는 걸 보았어요. 어미 뱀은 죽은 뒤였고, 곧 새끼 뱀들 차례였지요. 멜람푸스는 불쌍한 새끼 뱀들을 구해 주었어요. 뱀들은 그 보답으로 멜람푸스에게 특별한 선물을 주었어요. 모든 동물의 말을 알아듣는 능력을 준 거예요.

신들의 행복한 시간

한편, 형 비아스에게는 고민이 있었어요. 사랑하는 여자와 결혼하려면 필라코스 왕이 키우는 소를 데려와야 하는데, 사납고 절대 잠들지 않는 개가 지키고 있었거든요. 그때 동생 멜람푸스가 나섰어요. 그는 소를 훔치는 척하다가 일부러 감옥에 갇혔어요. 그러고는 "우리가 갉아먹어서 기둥이 곧 무너질 거야."라는 벌레들의 말을 왕에게 전했지요. 왕은 멜람푸스의 능력을 믿게 되었고 그에게 자신의 걱정을 털어놓았어요. "난 자식이 없어 고민일세." 멜람푸스는 아이가 생기는 비법을 알려 주고 드디어 소를 얻었어요. 형은 동생 덕분에 결혼을 하게 되었어요.

새가 되어 날아간 자매

아테네 왕국에 다정한 공주 자매가 살았어요. 어느 날, 늘 붙어 있던 자매가 떨어져 살게 되었어요. 언니 프로크네가 테레우스(트라키아 왕국의 왕)와 결혼을 하게 된 거예요. 홀로 남은 필로멜라는 너무나 외로웠어요.
몇 해가 지나고, 프로크네가 남편에게 동생을 데려다 달라고 부탁했어요. 왕은 흔쾌히 아내의 동생을 데리러 아테네로 떠났어요.
그러나 왕이 필로멜라를 본 순간, 불행이 시작되었어요. 그만 아내의 동생, 필로멜라에게 반해 버린 거예요.

테레우스, 공주 자매를 괴롭히지 마!

신들의 행복한 시간

왕은 필로멜라를 숲으로 끌고 가 자신을 사랑해 달라고 했어요.
하지만 필로멜라가 거절하자, 왕은 그녀를 오두막에 가두고 아내에게는
동생이 죽었다고 말했어요.
필로멜라는 이 억울한 사연을 천에 수놓았어요. 수놓은 천은 세상을
떠돌다가 왕비의 손에 들어갔지요. 프로크네는 단번에 동생의 솜씨를
알아보고, 서둘러 오두막에서 동생을 구해 냈어요.
왕이 이번에는 공주 자매를 해치려고 덤벼들었어요. 제우스가 그때
자매를 새로 변신시켜 구해 주었어요. 자매는 하늘을 날아올라 왕에게서
멀리 달아났어요.

자식을 구한 어머니의 사랑

구름의 님프 네펠레는 세상에서 가장 행복했어요. 오르코메노스 왕국의 왕, 아타마스에게 청혼을 받았거든요. 둘은 결혼해서 아들 프릭소스와 딸 헬레를 낳았어요. 자상한 남편과 예쁜 아이들이 있으니, 더 바랄 게 없었지요.
그러나 행복은 얼마 가지 못했어요. 그녀를 질투하던 이노 때문이에요.
왕이 이노의 유혹에 넘어갔거든요.
네펠레는 남편과 아이들마저 빼앗기고 쓸쓸히 왕국을 떠나야 했어요.

네펠레를 쫓아낸 이노는 그녀의 자식들도 없애고 싶었어요. 그래서 농부들에게 삶은 씨앗을 나누어 주었어요. 삶은 씨앗에서 곡식이 자라지 않으니 왕국에 흉년이 들었어요. 굶주린 백성들의 원망이 커지자, 이노가 왕에게 거짓말을 했어요.
"프릭소스와 헬레를 신에게 바치면 곡식이 자랄 거예요."
왕은 이노의 말대로 했어요. 이 소식을 들은 네펠레가 아이들을 살려 달라고 빌었어요. 그러자 제물로 바쳐진 남매에게 날개 달린 황금 양이 내려왔어요. 어머니의 사랑에 감동받은 헤르메스가 보내 준 거예요. 하지만 양을 타고 날다가 헬레는 바다에 빠져 죽고, 프릭소스만 살아남았답니다.

세상에 모든 사랑이 행복하게 끝날 수만 있다면
얼마나 좋을까요? 하지만 그건 불가능한 일이죠.
서로 만나지 못하고 어긋나 버린 마음, 질투와 복수에 눈이 먼 사랑,
가슴 아픈 짝사랑까지… 슬프고 힘들고, 아픈 사랑 이야기가
훨씬 더 많은 법이니까요. 그럼 지금부터 슬픈 사랑 이야기를 시작해 볼까요?

비극적인 사랑 이야기

신의 저주를 받았어요

메아리가 된 수다쟁이, 에코

숲의 님프, 에코는 얼굴이 예쁘고 늘 활기찼어요. 그런데 한 가지, 말이 너무 많았어요. 어느 날, 제우스가 헤라 몰래 숲에 가서 님프들과 재미나게 놀았어요. 얼마 뒤, 헤라가 제우스를 찾으러 왔어요. "에코, 혹시 제우스 님 봤어?" 하지만 에코는 묻는 말에 대답은 않고 제 할 말만 했어요. 친구들이 다 달아날 때까지 수다를 떨었지요. 화가 난 헤라가 에코에게 저주를 내렸어요. 그때부터 에코는 먼저 말하지 못하고, 남의 말만 따라 하게 되었지요.

비극적인 사랑 이야기

어느 날 에코가 힘없이 숲을 거닐다, 사냥을 나온
청년 나르키소스와 마주쳤어요. 그를 본 에코는 가슴이 두근거렸어요.
하지만 먼저 말을 걸 수는 없었지요.
그가 "너는 누구야?" 하고 묻자, "누구야?"라고 따라 했어요.
"이리 와, 같이 놀자." 하니, "같이 놀자."라고만 대답했지요.
나르키소스는 에코가 자신을 놀리는 줄 알고 화를 내며 가 버렸어요.
에코는 차마 그를 붙잡지 못하고, 깊은 산속에 꽁꽁 숨었어요. 슬픔으로
몸은 말라 없어져 버리고, 목소리만 남아 메아리가 되었답니다.

오해예요, 오해!

케팔로스는 잘생기고 사냥도 잘해서 인기가 아주 많았어요. 새벽의 여신 에오스도 그를 좋아했지요. 하지만 케팔로스는 오직 아내만 사랑했어요. 에오스는 그에게 거절당하자 복수를 결심했어요.
'케팔로스, 네가 나 아닌 아내를 선택한 걸 후회하게 해 주겠다.'
케팔로스가 사냥을 나선 어느 날, 에오스는 여우 떼를 보냈어요. 그는 정신없이 여우를 쫓다가 지쳤어요. 들판에 벌렁 드러눕자, 시원한 바람이 불어왔어요. 땀을 식혀 주는 바람이 어찌나 고마웠던지, 그가 큰소리로 "오거라! 사랑하는 아우라여." 하고 외쳤어요. 그리스에서는 상쾌한 아침 바람을 '아우라'라고 불렀거든요.

비극적인 사랑 이야기

남편을 찾으러 나온 아내가 그 말에 깜짝 놀랐어요. 남편이 다른 여자에게 사랑을 고백하는 줄 알았거든요. 그녀는 풀숲에 몸을 숨긴 채 흐느껴 울었어요. 그 소리에 케팔로스가 벌떡 일어났어요. 아까 쫓던 여우가 온 줄 알고, 소리 나는 쪽을 향해 창을 힘껏 던졌어요. 그는 쓰러진 아내를 끌어안고 몸부림쳤어요. "모든 것은 오해야. 난 영원히 당신만을 사랑한다고!" 하지만 아내는 영원히 눈을 뜨지 못했어요.

신을 괴롭힌 자, 벌을 받으리

포도주의 신 디오니소스는 술 빚는 법을 세상에 알리며 여행을 다녔어요. 그는 트라키아 왕국에 도착해, 리쿠르고스 왕에게 며칠만 재워 달라고 부탁했어요. 하지만 왕은 대접은커녕, 막대기로 신을 쿡쿡 찌르며 놀리고 괴롭혔어요. 디오니소스는 막대기를 피하려다 그만 바다에 빠졌어요. 왕은 허우적대는 디오니소스를 보며 킬킬거렸지요. 그는 간신히 헤엄쳐 나왔지만, 왕을 용서할 수 없었어요. 그래서 남몰래 왕의 식탁에 물 대신 포도주를 가져다 두었어요. 왕은 술에 취해 엉뚱한 행동을 시작했어요. 물건을 던지며 행패를 부리고, 덩실덩실 춤도 추었지요.

비극적인 사랑 이야기

그러다가 어머니를 쫓아다니며 못살게 굴었어요. 어머니마저 떠나자,
화가 난 왕이 도끼를 들고 정원에 있는 포도나무를 향해 달려갔어요.
자신을 이 꼴로 만든 게 포도주이니, 나무를 베려던 거예요. 왕이 도끼를
휘두르자 포도나무 밑동에서 붉은 피가 흘렀어요.
나무가 아닌 자기 다리를 베었던 거예요. 왕은 그제야 정신이 들었어요.
디오니소스의 저주는 거기에서 끝이 아니었어요. 왕국에는 가뭄으로
곡식이 자라지 못했어요. 백성들이 하나둘 떠나고, 왕국은
결국 멸망했답니다.

불길한 운명을 타고난 오이디푸스

테베 왕국에는 큰 고민거리가 있었어요. 라이오스 왕과 이오카스테 왕비 사이에 자식이 없었거든요. 왕은 기도를 하러 신전에 갔다가 충격적인 예언을 들었어요. "왕비가 아들을 낳으면, 그 아이가 아버지를 해치고 어머니와 결혼한다." 얼마 뒤, 왕비가 그토록 기다렸던 아들을 낳았어요. 그러나 왕은 남몰래 아기를 산에다 버렸지요. 양치기들이 아기를 기르다가 자신들의 왕, 코린토스 왕국의 폴리보스에게 아기를 데려갔어요. 그 아기가 바로 오이디푸스예요.

비극적인 사랑 이야기

오이디푸스는 아무것도 모른 채, 폴리보스 왕을 아버지로 믿고 자랐어요.
그러던 어느 날, 델포이 신전에서 끔찍한 예언을 들었어요.
"너는 네 손으로 아버지를 죽이고, 어머니와 결혼할 것이다!"
큰 충격을 받은 오이디푸스는 서둘러 왕국을 떠났어요.
부모 곁을 떠나면 괜찮을 거라 생각했거든요. 그는 코린토스를 떠나
테베 왕국으로 가던 중, 좁다란 길에서 라이오스 왕과 딱 마주쳤어요.
서로 먼저 비키라며 다투던 끝에, 라이오스 왕은 오이디푸스의
칼에 맞아 쓰러지고 말았어요.

이렇게 쉽게 정답을 맞히다니
….

크흑…

피할 수 없는 운명

오이디푸스는 자신이 진짜 아버지를 죽인 줄도 모른 채, 테베에 도착했어요. 스핑크스가 왕국의 입구를 막아섰어요. 스핑크스는 사람의 머리, 사자의 몸, 독수리 날개를 가진 괴물이에요. 지나가는 사람에게 수수께끼를 내고, 맞히지 못하면 바로 잡아먹었지요.

"아침에는 네 발, 낮에는 두 발, 저녁에는 세 발로 걷는 것은?"

"답은 사람이다. 아기는 네 발로 기고, 어른이 되면 두 발로 걷지. 노인이 되면 지팡이를 짚으니 세 발이 아니냐!"

그가 문제를 풀자, 스핑크스는 낭떠러지로 떨어져 버렸어요.

비극적인 사랑 이야기

오이디푸스는 스핑크스를 물리친 뒤, 당당히 테베 왕국의 왕이 되어
이오카스테를 왕비로 삼았어요. 신이 말했듯 아버지를 죽이고
어머니와 결혼을 한 거예요. 오이디푸스는 아무것도 모른 채,
왕비와 행복하게 살았어요.
그런데 갑자기 테베 왕국에 전염병이 돌기 시작했어요. 하늘에서 왕에게
벌을 내린 거예요. 그제야 그는 자신이 저지른 죄를 알게 되었어요.
너무나 괴로웠던 오이디푸스는 스스로 눈을 멀게 하고,
거지가 되었어요. 왕비 역시 자기 손으로 목숨을
끊고 말았답니다.

운명은 피할 수가 없구나….

안티고네가 아버지와 오빠를 지켰어요

오이디푸스 왕에게는 자식이 넷 있었어요. 쌍둥이 왕자와 안티고네, 이스메네 공주였지요. 저주를 받은 아버지가 장님이 되어 왕국을 떠날 때, 오직 안티고네 공주만 그 뒤를 따랐어요. 공주는 아버지가 숨을 거둔 뒤에야 고향으로 돌아왔어요.

한편, 쌍둥이 오빠들은 1년씩 번갈아가며 나라를 다스렸어요. 첫해에는 형이 왕이 되었어요. 그런데 1년이 지났는데도 형이 동생에게 자리를 내주지 않았어요. 화가 난 동생이 이웃 나라 아르고스로 가서 군대를 이끌고 쳐들어왔어요.

비극적인 사랑 이야기

전쟁은 오랫동안 계속되었어요. 결국 형제는 서로의 칼에 맞아 쓰러졌고, 전쟁은 끝이 났어요. 그 뒤, 외삼촌인 크레온이 왕이 되었어요. 크레온은 형의 장례는 치러 주었으나, 동생의 시체는 반역자로 여겨 마을 밖에 버리고 장례를 치르지 못하게 했어요. 이를 어기면 사형시키겠다고 했지요. 그러나 안티고네는 죽은 오빠를 그냥 둘 수 없었어요. 공주는 몰래 장례를 치르다가 들통나, 사형 당하고 말았어요. 테베 사람들은 공주를 존경하며 그 아름다운 희생을 기억했어요.

수수께끼를 맞혀라!

오이디푸스에게 수수께끼를 낸 괴물, 스핑크스의 정체는 무엇일까요?
<mark>스핑크스는 이집트에서부터 전해 오는 괴물이에요. 비록 기이한 생김새를 한 괴물이지만, 이집트에서는 왕이나 신처럼 받들어 모셨지요. 이집트의 신전이나 궁전, 왕 무덤 입구에는 스핑크스를 본떠 만든 조각상을 세웠어요.</mark> 지금도 그 조각상이 남아 있답니다.

이집트 스핑크스

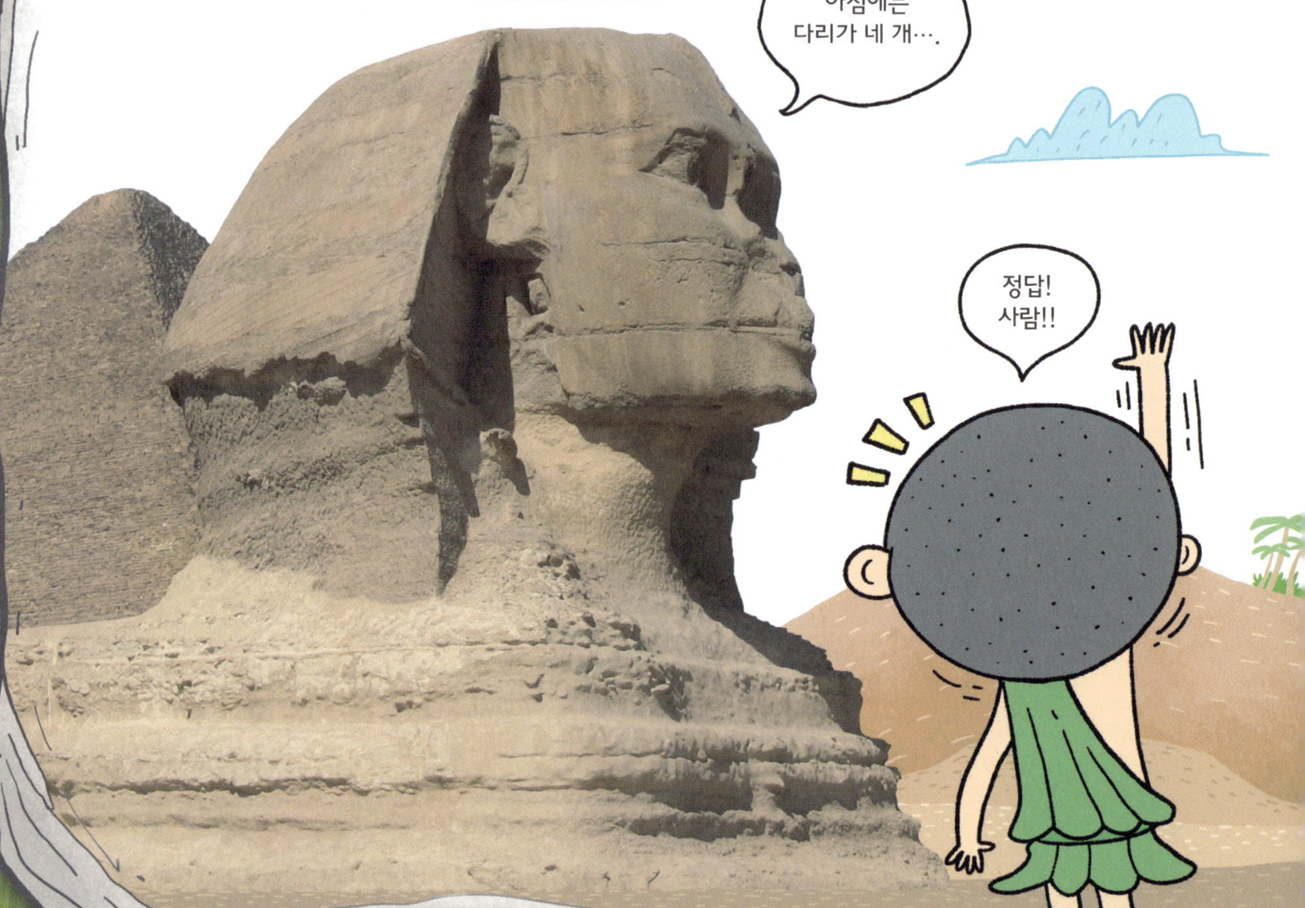

아침에는 다리가 네 개….

정답! 사람!!

이집트 사람들은 스핑크스를 '세스피앙크'라고 불렀어요.
먼 옛날, 신비로운 스핑크스는 여러 나라를 거쳐 그리스까지 가게 되었어요.
<mark>그리스로 간 스핑크스는 여자의 얼굴을 하고, 사자의 몸통에 날개가 달린 모습으로 변했지요.</mark>
세상에서 가장 큰 스핑크스는 높이가 무려 20미터 넘는 것도 있어요.
이 거대한 스핑크스를 언제, 누가, 왜 만들었는지는 아직도 밝혀지지 않았어요.
그가 낸 수수께끼처럼 비밀 투성이지요.

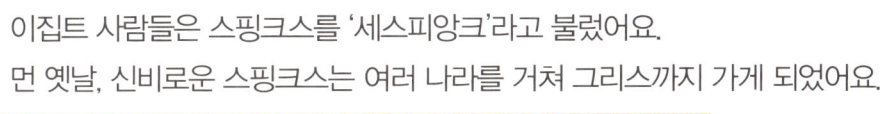

이루어질 수 없는 사랑

연인들의 바위에서 몸을 던졌어요

그리스의 레스보스라는 섬에 사포라는 여자 시인이 살았어요.
옛날 그리스에는 사포처럼 시를 쓰는 여자가 별로 없었어요.
안타깝게도 지금까지 남아 있는 사포의 시는 거의 없지만,
그녀는 아름다운 시를 많이 썼어요.
어느 날, 사포가 바닷가에서 시를 쓰고 있었어요. 파온이라는 청년이
그 곁을 지나갔어요. 그에게 마음을 빼앗긴 사포는 자신의 마음을
시로 써서 그에게 주었어요. 하지만 파온은 그녀의 사랑을 받아 주지
않았어요. 짝사랑에 빠진 사포는 밥도 못 먹고 잠도 못 잤어요.
사포는 내내 울적해 하다가 '연인들의 바위'가 있는 레우카디아 벼랑으로
갔어요. 그 바위에서 떨어져 다치지 않으면 사랑을 얻는다는
전설이 있었거든요. 그녀는 바위에서 몸을 던졌어요.
하지만 위대한 시인은 영원히 깨어나지 못했답니다.

아름다운 여신의 못생긴 아들

미의 여신 아프로디테가 아들 프리아포스를 낳았어요.
아프로디테는 흉측하고 징그럽게 생긴 아기를 보고 놀라서 숲에 버렸어요.
양을 치던 목동들이 아기를 데려다가 길러 주었어요. 청년이 되어서도
못생긴 얼굴은 여전했고, 성격마저 난폭했어요.
모두가 그를 멀리했지만, 그는 예쁜 여자만 보면 좋아서 어쩔 줄을 몰랐지요.

디오니소스 신의 축제가 열리던 날이었어요. 예쁘게 꾸민 처녀들이
축제에 왔고, 그중에는 님프 로티스도 있었어요. 그는 로티스에게
다가가 껴안으려 했어요. 하지만 로티스는 재빨리 달아났지요.
어두운 밤이 되자, 프리아포스는 로티스네 집으로 찾아갔어요. 그를 본
당나귀가 울부짖는 소리에 잠이 깬 로티스가 재빨리 도망을 쳤어요.
그는 당나귀에게 화풀이를 한 뒤, 다시 그녀를 뒤쫓아 갔어요. 그에게
잡히기 직전, 로티스의 몸이 딱딱하게 굳더니 로토스 나무로 변했어요.
그래서일까요? 이 나무 열매를 먹으면 걱정이 사라진다는
이야기가 전해져요.

미르라는 몰약나무가 되었어요

키프로스 왕국에는 자랑거리가 세 가지 있었어요. 몸에 좋은 약초와 향긋한 향료, 그리고 아름다운 미르라 공주였지요.
공주와 결혼하길 원하는 수많은 청년이 왕국으로 몰려들었어요. 하지만 공주는 아무에게도 관심이 없었어요. 공주가 결혼하고 싶은 사람은 바로 아버지인 키니라스뿐이었지요. 공주는 어려서부터 "나는 커서 아빠랑 결혼할 거야."라고 말하곤 했어요.

공주는 다른 여자처럼 꾸미고 아버지에게 사랑을 고백했어요.
왕은 한눈에 딸을 알아보지 못했지만, 얼마 안 가 알아챘어요.
화가 난 왕은 딸을 왕국에서 내쫓았어요.
이리저리 떠돌던 공주는 진심으로 제 잘못을 뉘우치며 신에게 용서를 빌었어요. 그러자 어느 순간, 공주의 몸이 나무로 변해 갔어요.
공주는 향기로운 물을 머금은 몰약나무가 되었어요. 지금도 이 나무는 향수나 약으로 쓰인답니다.

오빠만 사랑할래요

그리스의 밀레투스 왕국에 기쁜 일이 생겼어요. 왕비가 쌍둥이를 낳은 거예요. 쌍둥이 중 남자아이는 카우노스, 여자아이는 비블리스라고 이름 지었어요. 사이좋은 카우노스와 비블리스는 늘 함께 다녔어요. 세월이 흘러, 남매는 근사한 청년과 예쁜 처녀로 자라났어요. 둘은 여전히 사이가 좋았지만, 비블리스가 오빠를 너무 많이 좋아해서 문제였어요. 남자친구를 사귀지도 않고 오빠하고만 놀려고 했거든요.

비블리스는 오빠가 다른 여자와 있으면 질투를 했어요. 자기랑만 놀자고 졸랐지요. 카우노스 왕자는 결국 왕국을 떠나 다른 나라를 세우고 왕비를 맞았어요.

비블리스는 울면서 오빠를 찾아다녔어요. 하지만 끝내 오빠를 찾지 못했어요. 비블리스는 땅바닥에 주저앉아 엉엉 울기만 했어요. 눈물을 너무 많이 흘린 나머지, 그녀는 샘이 되고 말았답니다.

사랑은 나만의 것! 이기적인 사랑

배신하고 배신 당한 스킬라

메가라 왕국에 전쟁이 일어났어요. 크레타 왕국의 군대가 쳐들어온 거예요. 크레타가 전쟁에서 이길 방법은 한 가지, 메가라 왕인 니소스의 머리카락을 자르는 것이었지요. 니소스 왕에게는 신비로운 자줏빛 머리카락이 딱 한 올 있었어요. 이 머리카락이 있는 한, 아무도 왕국을 넘볼 수 없었지요. 크레타 군대는 거센 공격을 퍼부었지만, 성안으로 들어갈 수가 없었어요. 크레타의 미노스 왕은 걱정이 깊어 갔고, 병사들도 점점 지쳐 갔지요. 메가라의 공주인 스킬라는 그 모습을 보니 가슴이 아팠어요. 적군인 미노스 왕을 좋아하고 있었기 때문이에요.

비극적인 사랑 이야기

결국 스킬라는 아버지가 잠든 사이, 머리카락을 잘라 미노스 왕에게 바쳤어요. 하지만 미노스는 머리카락만 받고, 그녀의 사랑은 거절했어요. 스킬라 덕분에 메가라 왕국을 정복한 미노스의 군대가 배를 타고 떠났어요. 스킬라는 바다로 뛰어들어 배를 따라 헤엄쳤어요.
어느새 스킬라는 새로 변했어요. 그녀는 새가 되어서도 배 주변을 계속 맴돌았어요.

약속을 잊은 로이코스가 장님이 되었어요

하마드리아스는 깊은 숲속의 참나무에 깃들어 사는 님프예요. 그는 하마드리아데스라는 8명의 딸들과 함께 살았지요. 나무의 님프들은 자신의 나무가 죽으면 같이 죽기 때문에, 나무 꺾는 사람을 가장 싫어했어요. 반대로 나무를 아끼고 보살펴 주는 사람에게는 소원을 들어주었지요. 어느 날, 하마드리아데스의 참나무 하나가 쓰러질 위험에 처했어요. 님프는 참나무와 함께 점점 죽어 가고 있었어요. 때마침 숲을 지나던 청년 로이코스가 참나무를 발견하고 버팀목을 만들어 주었어요. 참나무 님프는 감사의 표시로 소원을 들어주겠다고 했어요.

비극적인 사랑 이야기

로이코스는 그녀에게 반해 애인이 되어 달라고 했어요. 그녀는 그 소원을 들어주었어요. 다만, 사랑이 변하면 무서운 일이 벌어질 거라고 경고했지요. 그는 절대 변하지 않을 거라 맹세했어요. 그러자 그녀가 꿀벌을 통해 만날 시간과 장소를 알려 주겠다고 했어요.

다음 날, 로이코스가 친구와 장기를 두고 있는데 꿀벌 한 마리가 날아왔어요. 그는 님프가 한 말을 잊은 채, 벌을 쫓으려 했어요. 화가 난 꿀벌이 로이코스의 눈에 침을 쏘았고, 그는 그만 장님이 되고 말았어요.

북쪽 바람의 아내가 되었어요

보레아스는 북쪽 바람을 다스리는 북풍의 신이에요. 그의 형제들 역시 동, 서, 남쪽 바람을 다스리는 신들이지요. 형제들은 싸울 때에도 바람을 이용했어요. 무시무시한 바람으로 먹구름을 가르고, 파도를 일으켰지요. 땅에 눈보라를 일으키고 나무와 집은 한순간에 날려 버렸어요. 그중에서도 가장 무서운 힘을 가진 바람의 신이 바로 보레아스예요. 사람들이 그의 이름만 들어도 벌벌 떨 정도였지요.

비극적인 사랑 이야기

보레아스는 아테네의 공주인 오레이티아를 짝사랑했어요.
그래서 난폭한 성격을 숨기고 산들바람으로 변신해 공주에게 다가갔어요.
하지만 공주는 그가 무서운 북풍의 신이라는 것을 눈치채고, 단칼에
거절했어요. 그러자 보레아스가 원래 모습을 드러내며 하늘로 솟구치더니,
날개로 강풍을 일으켰어요. 아테네 땅은 뒤집히고, 바닷물은 넘쳐흘렀어요.
곧이어 태풍이 불어와, 두려움에 떠는 공주를 낚아챘어요. 그녀는
하는 수 없이 그의 아내가 되었어요.

여왕이 세운 나라, 카르타고

당시에는 남자가 대부분의 나라를 세웠지만, 여왕이 세운 나라도 있어요. '카르타고'는 여왕 디도가 세운 나라예요. 본래 디도는 티로스 왕국의 공주였어요. 그런데 아버지 벨로스 왕이 죽자, 오빠가 재산을 빼앗고 동생도 쫓아냈지요. 디도는 부하들을 데리고 아프리카의 튀니지로 가, 카르타고를 세웠어요. 여왕은 살기 좋은 나라를 만들기 위해 부지런히 일했어요. 그러던 어느 날, 손님이 찾아왔어요. 트로이의 장군 아이네이아스였어요. 트로이가 멸망한 뒤, 이리저리 떠돌아다니다가 오게 된 거예요.

비극적인 사랑 이야기

여왕은 손님에게 맛있는 음식과 푹신한 잠자리도 내주었어요.
그는 보답으로, 세상을 여행하며 겪었던 일들을 재미나게 들려주었어요.
두 사람은 시간 가는 줄 모르고 이야기를 나누었어요. 여왕은 그와 있는
시간이 무척 행복했어요. 영원히 그와 함께하기를 바랐지요.
그런데 제우스가 갑자기 그에게 새로운 나라를 세우라고 명령했어요.
여왕은 그가 떠난 뒤, 세상을 다 잃은 듯 몸이 아프기 시작했어요.
그리고 다시는 일어나지 못했답니다.

배신을 복수로 갚았어요

콜키스 왕국에는 귀하디귀한 보물이 있었어요. 신들이 내려 준 황금 양가죽이었지요. 이 신비로운 보물을 탐내는 사람이 많았어요. 이올코스 왕국의 왕자 이아손도 이 보물을 빼앗으러 왔어요. 이때 콜키스 왕국의 공주 메데이아가 그만 이아손에게 반해 버렸어요. 에로스가 쏜 사랑의 화살에 맞아 왕국의 적을 사랑하게 된 것이지요. 공주는 이아손이 황금 양가죽을 찾도록 도와주었어요. 하지만 보물을 넘겨준 공주는 콜키스 왕국에서 더 이상 살 수 없었어요. 두 사람은 함께 그곳을 떠났어요.

비극적인 사랑 이야기

새로운 왕국 코린토스에서 둘은 결혼식을 올리고 자식도 낳았어요. 그런데 코린토스의 왕이 이아손과 자신의 딸을 결혼시키려 했어요. 이아손은 왕이 되고 싶은 마음에 그 말을 받아들였어요. 메데이아는 배신감에 치를 떨며 무서운 계획을 세웠어요.

그녀는 왕과 공주에게 결혼 선물로 화려한 옷을 보냈어요. 왕과 공주는 그 옷을 입자마자 죽고 말았지요. 메데이아가 독을 발라 놓았던 거예요. 메데이아는 이아손과 자식들을 두고 어디론가 떠나 버렸어요.

빛나는 북극의 오로라

'오로라'에 대해 들어 본 적이 있나요? 오로라는 주로 북극 지방에서 볼 수 있는 신비로운 자연 현상이에요. 붉은빛이나 초록빛이 커튼 자락처럼 펄럭거리며 밤하늘에 떠 있어요. 마치 이 세상이 아닌 듯 몽롱하고 아름다워서 누구나 한 번쯤 오로라를 실제로 보고 싶어 하지요.

오로라는 태양에서 날아온 전기 알갱이가 지구의 공기와 부딪히면서 빛을 내는 현상이에요. 그리스 신화에 나오는 새벽의 여신, '에오스'에서 이름을 따왔지요.

나는 새벽의 여신, 에오스예요.

질투에 눈이 멀었어요

괴물에게 쫓겨 다니는 연인

바다의 님프, 갈라테이아는 사랑하는 사람이 있었어요.
양치기 청년인 아키스예요. 아키스 역시 그녀를 뜨겁게 사랑했고,
둘은 결혼하여 영원히 함께하기로 약속했어요.
하지만 이 둘을 질투해 괴롭히는 괴물이 있었어요. 외눈박이 거인,
폴리페모스예요. 그는 거칠고 뻣뻣한 머리카락과 수염으로 뒤덮여 있었어요.
씻지 않아서 지저분하고 고약한 냄새도 났지요. 또 성질이 사나워서
사람이나 동물을 죽이기 좋아했어요. 이런 괴물이 갈라테이아에게
결혼을 하자고 졸랐어요. 갈라테이아와 아키스는 그를 피해
동굴 속으로 숨었어요.

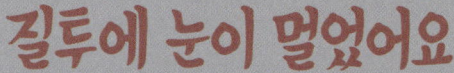

그러니까 나랑 결혼했으면 좋았잖아!

쾅!

괴물은 바위에 앉아 노래를 불렀어요. 노래 가사는 둘을 저주하는 내용이었어요. 둘은 괴물이 돌아갈 때까지 바위틈에 숨어 있었어요. 마침내 노랫소리가 멈추자, 둘은 밖으로 나왔어요. 하지만 괴물이 기다리고 있었지요. 갈라테이아는 바다로 뛰어들고, 아키스는 산기슭으로 도망쳤어요. 화가 난 괴물이 산을 향해 큰 바위를 던져 아키스가 죽고 말았어요. 갈라테이아는 눈물을 흘리며, 그가 흘린 피를 강물로 만들어 주었어요. 그 강물이 바다로 흘러와 영원히 기억할 수 있도록 말이죠.

마녀의 저주에 걸린 스킬라

어부 글라우코스가 물고기를 잡고 있었어요. 그런데 놀라운 일이 벌어졌어요. 수풀에 던져 둔 물고기가 되살아나 물속으로 달아나는 게 아니겠어요? 고개를 갸웃거리던 그가 물고기가 있던 자리에 난 풀을 뜯어 먹어 보았어요. 그러자 다리가 물고기 꼬리처럼 변했어요. 그 뒤로 그는 인어가 되어 바다에서 살게 되었어요.
어느 날 그는 해변가를 거니는 아름다운 스킬라를 보았어요. 그가 헤엄쳐 다가가자, 그녀는 비명을 지르며 달아났어요. 처음 본 인어가 너무 무서웠거든요.

비극적인 사랑 이야기

그는 바다에 사는 마녀 키르케를 찾아갔어요.
"키르케 님, 스킬라의 마음을 사로잡을 묘약을 만들어 주세요." 그런데
마녀는 글라우코스를 좋아하고 있었어요. 질투가 난 마녀는 스킬라가
자주 목욕을 하는 연못에 마법 약을 풀었어요. 아무것도 몰랐던 스킬라는
목욕을 하다가 머리가 여섯 달린 괴물이 되었어요.
마녀의 저주에 걸려 바다 괴물이 된 스킬라는 어부들을 잡아먹었어요.

죽어서도 복수를 한 네소스

그리스의 영웅 헤라클레스와 데이아네이라는 사이좋은 부부였어요. 두 사람이 길을 걸을 때였어요. 비 때문에 갑자기 불어난 강물이 앞을 가로막았어요. 둘은 꼼짝 못하고 발만 동동 굴렀지요. 그때 허리 위쪽은 사람이고, 아래쪽은 말인 네소스가 나타나 등에 타라고 했어요. 아내가 먼저 그의 등을 타고 강을 건넜어요. 강가에 도착하자, 네소스가 그녀를 안으려고 했어요. 그녀가 손을 뿌리치며 도와 달라고 소리쳤어요. 그때 건너편에서 보고 있던 헤라클레스가 네소스를 향해 독화살을 쏘았어요.

비극적인 사랑 이야기

네소스가 죽어 가며 데이아네이라에게 말했어요. "훗날 남편이 다른 여자를 좋아하면, 내 피를 남편 옷에 묻히시오. 그러면 남편의 사랑을 다시 찾을 수 있을 것이오." 그녀는 그 말을 믿고 네소스의 피를 작은 병에 담아 간직했어요.

몇 년 뒤, 헤라클레스가 다른 여자를 만났어요. 데이아네이라는 남편의 옷에 네소스의 피를 묻혔어요. 그 순간 피가 독으로 변해, 헤라클레스는 고통스럽게 죽고 말았어요. 죽은 네소스가 헤라클레스에게 복수를 한 거예요.

키벨레는 남자면서 여자예요

키벨레는 태어날 때부터 여자와 남자의 몸을 다 갖고 있었어요. 아버지인 제우스는 그에게 여자로 살지, 남자로 살지 결정하라고 했어요. 키벨레는 여자를 선택했어요. 땅에 묻은 남자 몸은 아몬드 나무가 되었어요. 아몬드 나무는 자라서 씨앗을 맺었어요. 씨앗은 강으로 떨어져, 목욕을 하던 님프 나나에게로 흘러갔어요. 나나가 살며시 그 씨앗을 건져 올렸어요. 얼마 뒤, 나나는 임신한 것을 알게 되었어요. 곧 튼튼한 남자 아기가 태어났어요. 아이의 이름은 아티스라고 지었어요.

비극적인 사랑 이야기

나나는 아티스를 혼자 키울 수 없어 양치기들에게 도움을 청했어요. 아티스는 멋진 청년으로 자라났어요.
어느 날, 숲을 거닐던 키벨레가 아티스를 만났어요. 키벨레가 다가갔지만, 아티스는 애인이 있다며 차갑게 거절했어요. 키벨레는 화가 나서 마법을 부려 아티스의 정신을 흐리게 만들었어요. 아티스가 자기 자식인 줄 꿈에도 몰랐지요. 아티스는 숲을 헤매다 쓰러져 죽고 말았어요. 이를 불쌍하게 여긴 제우스가 아티스를 전나무로 만들어 주었어요.

사랑이 아름다운 이유는
나 아닌 누군가를 위해 기꺼이 희생할 수 있기
때문이 아닐까요? 부모님과 형제를 위해 목숨까지 바치는
사랑은 우리에게 큰 감동과 깨달음을 줍니다.
이처럼 **사랑은 죽음도 두렵지 않은 용기를 불어넣어 주지요.**
용서와 이해, 자비와 은혜로운 마음도 아름다운 사랑의 모습이에요.

사랑의 다른 이름, 용기

나를 희생하는 용기

당신을 대신해 죽겠어요

이올코스 왕국의 공주는 세상에서 가장 용감한 사람과 결혼하겠다고 했어요. 사나운 사자와 멧돼지가 끄는 마차를 모는 사람만이 공주와 결혼할 수 있었지요. 수많은 청년이 도전했지만 모두 실패했어요. 어느 날, 테살리아 왕국의 왕자인 아드메토스가 도전장을 내밀었어요. 왕자는 믿는 구석이 있었어요. 친구인 아폴론에게 받은 '지혜'가 있었거든요. 왕자는 아폴론이 가르쳐 준 대로, 사자와 멧돼지를 전차에 묶어 시험에 통과했어요. 그리고 공주와 결혼식을 올리게 되었어요. 왕이 된 그는 갑자기 죽음이 찾아와 이 모든 행복이 사라질까 봐 겁이 났어요.

사랑의 다른 이름, 용기

아폴론은 아드메토스의 고민을 듣고 "걱정 마. 너 대신 죽겠다는 사람이 있거든 다시 살려 줄게." 하고 약속했어요.
세월이 흘러, 그의 생명이 다하는 날이 되었어요. 그러자 왕비가 그를 대신해 죽겠다고 나섰어요. 아폴론의 말대로 왕이 되살아났어요. 하지만 아드메토스 왕은 조금도 기쁘지 않았어요. 자기 대신 사랑하는 왕비를 떠나보냈으니까요.
이 이야기를 들은 헤라클레스가 저승으로 달려가 죽음의 신 타나토스와 대결을 벌였어요. 그리고 싸움에서 이겨, 왕비를 다시 왕에게 데려다주었답니다.

아버지를 위해 노예가 되었어요

어느 날, 누군가 곡식의 여신 데메테르의 정원을 망쳐 놓았어요. 님프들이 사는 나무를 도끼로 찍고 꽃도 마구 짓밟아 놓았지요. 범인은 신을 존경하지 않는 에리직톤이었어요.
화가 난 데메테르가 '영원한 배고픔'의 저주를 내렸어요. 아무리 먹어도 배가 고픈 벌이었지요. 그는 먹을 것을 사느라 전 재산을 다 쓰고도 계속 배가 고팠어요. 결국 그는 딸인 메스트라까지 노예로 팔아서 먹을 것을 구했어요.

사랑의 다른 이름, 용기

메스트라가 집으로 돌아가게 해 달라고 기도하자, 바다의 신 포세이돈이 그녀에게 변신 능력을 주었어요. 그녀는 사슴으로 변신해 집으로 도망쳐 왔어요. 하지만 늘 배고파하는 아버지 때문에 다시 노예로 팔려 갔지요. 이번에는 말로 변신해 돌아왔지만 소용없었어요. 다시 노예의 삶이 계속되었어요. 그러나 아버지를 원망하기는커녕, 걱정하며 안타까워했지요. 배고픔을 이기지 못한 에리직톤은 결국 죽고 말았어요. 딸은 아버지를 끌어안고 하염없이 눈물을 흘렸어요.

우리 아버지를 못 보셨나요?

농부 이카리오스는 술의 신 디오니소스를 존경하며 따랐어요. 디오니소스는 그런 이카리오스를 기특하게 여겨, 포도주 만드는 법을 가르쳐 주었지요. 그는 포도주를 빚어 이웃과 나누어 마셨어요. 그런데 큰일이 벌어졌어요. 난생 처음 술을 마신 사람이 취해서 쓰러진 거예요. 그러자 사람들은 농부가 술에 독약을 탔다고 생각했어요. 화가 난 사람들이 그를 죽이고 땅에 묻었어요. 한편, 밤늦도록 아버지가 오지 않자, 농부의 딸 에리고네가 개와 함께 아버지를 찾아 나섰어요.

사랑의 다른 이름, 용기

처녀자리

목자자리

큰개자리

반짝반짝 빛나는 별이 되시게나….

아무리 찾아도 아버지는 보이지 않았어요. 사람들에게 물어봐도 대답해 주지 않았죠. 그런데 코를 킁킁대던 개가 땅을 파기 시작했어요. 그곳에 아버지가 묻힌 걸 본 에리고네는 큰 충격을 받아 그 자리에서 죽고 말았어요. 개도 스스로 강물에 뛰어들어 주인 뒤를 따랐지요.
모든 사실을 알게 된 디오니소스가 마을 사람들에게 큰 벌을 내렸어요. 그리고 세상을 떠난 이들은 별자리로 만들어 주었어요. 에리고네는 처녀자리, 죄 없이 죽은 이카리오스는 목자자리, 충성스러운 개는 큰개자리가 되었답니다.

〈일리아스〉와 〈오디세이아〉

옛날 그리스에서는 실제 있었던 일을 시로 썼어요. 일정한 박자와 높낮이가 있어서 긴 이야기도 쉽게 전달할 수 있었지요. 듣는 사람들도 시를 이야기처럼 재미나게 들었어요.
시는 신을 찬양하거나 영웅들의 이야기를 들려주는 내용이었어요.
이런 시를 '서사시'라고 해요.
가장 널리 알려진 서사시는 호메로스의 〈일리아스〉와 〈오디세이아〉예요.

〈일리아스〉는 가장 오래된 서사시예요. 그리스와 트로이 전쟁 이야기를 노래한 것으로 모두 24편으로 이루어져 있어요.
〈오디세이아〉도 24편이에요. 그리스와 트로이 전쟁이 끝난 뒤 오디세우스 장군의 모험을 노래한 시이지요. 〈일리아스〉와 〈오디세이아〉는 그리스 인들이 가장 좋아하는 서사시랍니다.

죽음도 두렵지 않은 사랑

서로를 따라 목숨을 끊었어요

바빌로니아 왕국에는 소문난 미남 미녀가 있었어요. 피라모스와 티스베였지요. 두 사람은 서로 사랑했지만, 부모님이 결혼을 반대했어요. 그래서 둘은 몰래 만날 수밖에 없었어요.

깊은 밤, 둘은 뽕나무 아래에서 만나기로 했어요. 티스베는 약속 장소로 가는 길에 사자를 보았어요. 방금 짐승을 잡아먹었는지, 입가에는 피가 묻어 있었죠. 티스베는 재빠르게 동굴로 몸을 숨겼어요. 서두르다가 머리에 쓴 베일이 떨어진 줄도 몰랐지요. 조금 뒤 사자가 그 베일을 갈기갈기 찢어 놓고 지나갔어요.

사랑의 다른 이름, 용기

뒤이어 길목을 지나던 피라모스가 찢겨진 베일과 사자 발자국을 발견했어요.
'티스베가 사자에게 잡아먹히다니!' 피라모스는 티스베가 죽었다는 생각에
스스로 가슴에 칼을 찔렀어요. 그때, 동굴에 숨어 있던 티스베가 나타났어요.
그녀는 쓰러진 피라모스를 보고 한참을 울다가 그를 따라 목숨을 끊었어요.
두 사람은 뽕나무 밑에서 함께 눈을 감았어요. 그때부터 뽕나무 열매가
피눈물처럼 검붉은 색을 띠었답니다.

질투해서 벌을 받았어요

이노는 세상을 다 가진 것 같았어요. 한 나라의 왕과 결혼해 왕비가 되었으니까요. 그녀는 왕을 무척이나 사랑했고, 왕자를 셋이나 낳았어요. 하지만 이노는 한편으로 불행했어요. 자신이 둘째 왕비였기 때문이지요. 이노는 첫째 왕비인 네펠레와 그녀의 자식들을 질투했어요. 미움에 시달리던 이노는 남몰래 그들을 없애 버리기로 마음먹었어요. 하지만 헤라 여신에게 곧 들키고 말았어요. 그런데 헤라는 아무것도 몰랐던 왕에게 벌을 내렸어요. 벌을 받은 왕은 정신이 이상해져 미친 사람처럼 행동했어요.

사랑의 다른 이름, 용기

왕이 갑자기 화살을 쏘아 커다란 사슴을 쓰러뜨렸어요. 하지만 그것은 이노의 첫째 아들 레아르코스였어요. 이노는 그제야 죄를 뉘우치며 눈물로 용서를 빌었어요. 하지만 때는 늦었어요. 둘째 아들 레오콘이 아버지를 피해 달아나다 낭떠러지에서 떨어졌어요. 이노가 막내를 데리고 도망치자, 왕이 그 뒤를 쫓아갔어요. 두 사람은 급히 절벽에서 바다로 뛰어내렸어요. 이노를 가엾게 여긴 신들이 그녀를 바다의 여신으로 만들어 주었어요. 이노는 레우코테이아라는 여신이 되었어요. 세 아들도 바다의 신이 되어 부서진 배를 구해 주며 살았어요.

샘이 된 에게리아 왕비

로마 사람들은 아름답고 영리한 '카메나이'를 사랑했어요. 카메나이는 뮤즈들이에요. 제우스와 기억의 여신 사이에서 태어난 딸들이지요. 뮤즈들은 노래를 잘 불렀어요. 또한 문학, 예술, 과학, 역사, 천문학까지 모르는 게 없었지요. 샘에 사는 님프들도 카메나이라고 불렀어요. 그들도 뮤즈처럼 재능이 많았지요. 그중에서 에게리아는 특히 지혜로워서 모두가 그녀를 좋아했어요. 로마의 왕 누마도 그녀를 보자마자 사랑에 빠졌어요.

사랑의 다른 이름, 용기

누마는 로마 왕국의 두 번째 왕이었어요. 그 무렵, 로마는 세워진 지
얼마 되지 않아서 부족한 점이 많았어요. 그래서 왕은 고민이 많았지요.
에게리아는 그에게 나라를 다스리는 데 필요한 지식을 나누어 주고
법도 가르쳤어요. 그 덕분에 로마는 점점 강하고 훌륭한 나라가 되었지요.
둘은 결혼식을 올렸고, 그녀는 로마의 왕비가 되었어요.
언제까지나 계속될 것 같았던 행복은 왕이 늙어 세상을 떠나자
끝나 버렸어요. 하염없이 눈물을 흘리던 에게리아는
투명한 샘이 되고 말았어요.

쌍둥이 형제가 세운 나라

아주 먼 옛날, 알바롱가 왕국이 있었어요. 누미토르 왕이 다스리던 중, 큰일이 일어났어요. 왕의 동생이 왕위를 빼앗은 거예요. 왕자들을 모두 죽이고, 공주 레아 실비아에게는 신전에서 제사 지내는 것을 도우라고 했어요.
그런데 전쟁의 신 아레스가 레아 실비아를 사랑하게 되었어요. 그 둘 사이에서 로물루스와 레무스, 쌍둥이 형제가 태어났어요.
왕은 레아 실비아의 두 아이가 커서 나라를 되찾을까 봐 몰래 숲에 버렸어요.

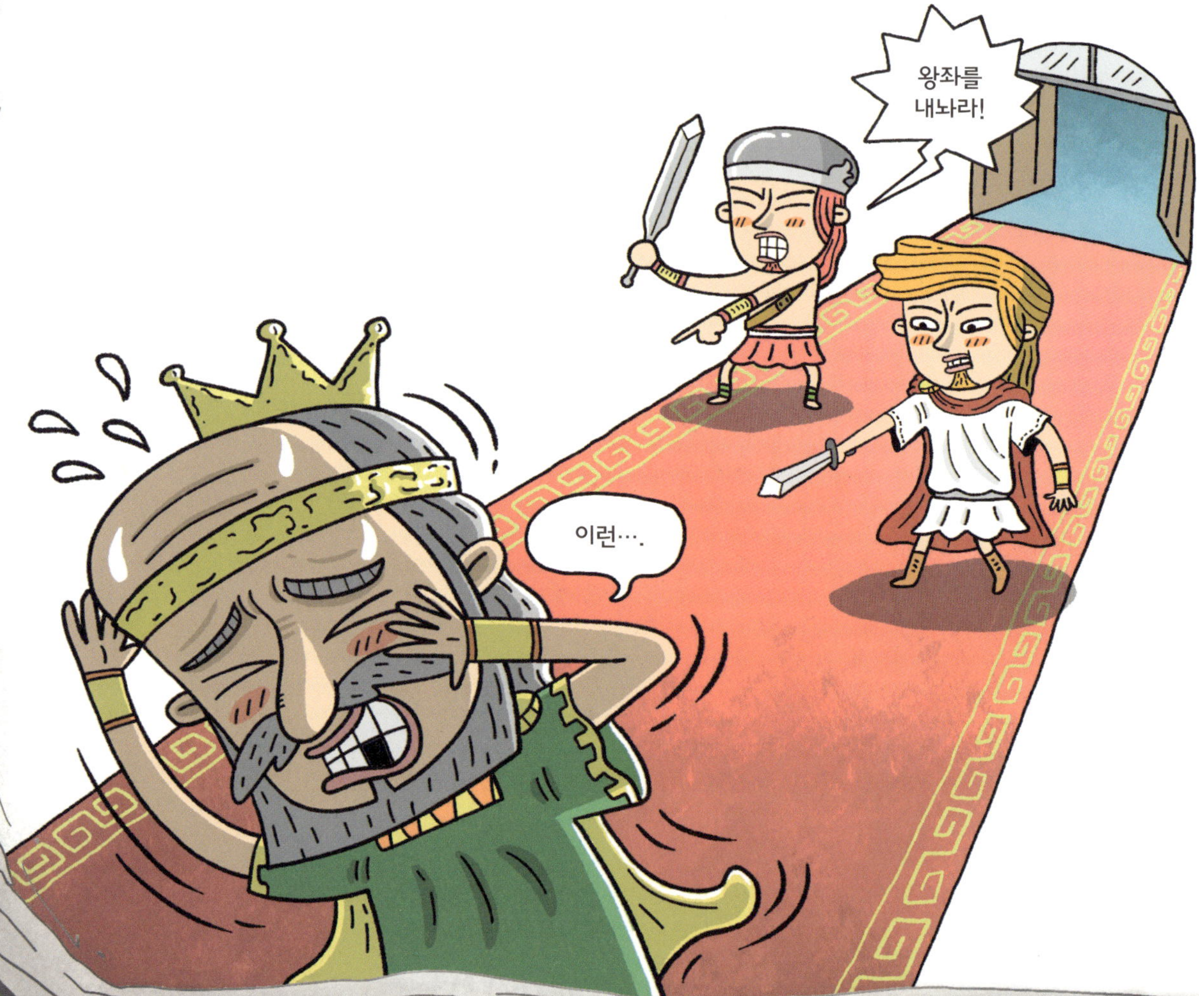

로물루스와 레무스 형제는 늑대 젖을 먹으며 숲에서 살아남았어요. 청년이 된 그들은 왕국으로 쳐들어가 왕을 몰아냈어요. 그리고 원래 왕이자 할아버지인 누미토르를 다시 왕으로 세웠어요. 그러고는 자신들이 다스릴 만한 나라를 찾던 끝에, 마침내 적당한 곳을 발견했어요. 강이 내려다보이는 멋진 언덕이었어요.

그곳이 지금의 로마예요. 로마는 기원전 753년에 세워졌어요. 형인 '로물루스'의 이름을 따서 나라 이름을 '로마'라고 지었어요. 로마는 계속 번성하여 유럽의 중심 국가가 되었어요.

은혜와 자비를 베푸는 마음

돌고래가 아리온의 생명을 구했어요

어느 날, 시칠리아 섬에서 음악 경연 대회가 열렸어요. 유명한 음악가인 아리온이 대회에서 큰 상을 받고, 집으로 가는 배에 올랐어요. 어서 빨리 왕에게 이 기쁜 소식을 알리고 싶었지요. 그런데 뱃사람들이 아리온을 위협했어요. 그가 받은 상품들이 탐이 났거든요. 그는 상품을 모두 줄 테니 목숨만 살려 달라고 빌었어요. 하지만 뱃사람들은 아리온이 왕에게 이를까 봐 그를 바다에 빠뜨리려 했어요.
아리온이 뱃사람들에게 말했어요.

사랑의 다른 이름, 용기

"마지막으로 리라를 연주하며 노래를 부르게 해 주세요."
뱃사람들이 허락하자 곧 아름다운 음악이 울려 퍼졌어요. 구슬픈 노래를 들은 물고기들이 떼를 지어 몰려왔어요. 노래를 마친 아리온이 풍덩, 바다로 몸을 던졌어요. 노래에 이끌린 돌고래가 그를 등에 태워 육지로 데려다주었어요.
궁전으로 돌아간 아리온은 왕에게 모든 사실을 알렸고, 왕은 뱃사람들을 잡아들여 큰 벌을 내렸어요. 아리온은 돌고래의 은혜에 보답하기 위해 바닷가에 기념비를 세웠어요.

영웅들이 시인을 구했어요

옛날 그리스의 왕들은 자신을 위한 시를 무척 좋아했어요. 특히 백성들을 위해 한 일이나, 전쟁에서 세운 공을 치켜세우는 내용을 좋아했지요. 시인 시모니데스는 시를 잘 써서 왕들에게 인기가 많았어요.

그는 왕들에게 시를 지어 주고 큰돈을 벌었어요.

어느 날, 그는 테살리아 왕국의 스코파스 왕에게 바칠 시를 지었어요. 그리스의 쌍둥이 영웅 카스토르와 폴리데우케스의 이름을 넣어, '왕은 그리스의 두 영웅처럼 훌륭하다'라는 내용으로요. 왕이 잔치를 여는 날, 시모니데스가 이 시를 낭독했어요. 그런데 사람들의 반응이 영 이상했어요. 왕도 표정이 썩 좋지 않았어요.

사랑의 다른 이름, 용기

왕은 약속한 돈의 절반만 주었어요. 자신을 위한 시에 다른 사람의 이름을 넣어서 기분이 나빴던 거예요. 손님들도 시인을 비웃었어요. 시모니데스는 화도 나고 창피해 몸 둘 바를 몰랐어요.
잔치는 계속되었어요. 그때, 한 시종이 말을 탄 두 청년이 밖에서 기다린다고 전했어요. 그가 궁전 밖으로 나가자 갑자기 성벽이 와르르 무너졌어요. 순식간에 사람들이 목숨을 잃었는데 오직 그만 무사했어요. 그를 살려 준 것은 아마도 카스토르와 폴리데우케스가 아니었을까요?

슬프고도 아름다운 사랑

태양마차를 몰다 벼락을 맞은 파에톤

태양의 신 아폴론에게는 부인과 자식이 여럿 있었어요. 그의 자식들은 흩어져 살았지만 늘 서로를 위하고 아꼈어요. 파에톤은 그의 자식 중 하나였어요. 오랫동안 아버지 없이 외롭게 살았던 그는 아버지의 태양마차를 타는 게 소원이었어요. 자신이 아폴론의 아들이라는 걸 자랑하고 싶었거든요. 드디어 아버지를 만난 파에톤은 끝까지 고집을 피우며 태양마차를 타겠다고 했어요. 아폴론이 말려도 소용없었지요.

하지만 태양마차를 모는 일은 쉽지 않았어요. 파에톤은 실수로 하늘과 땅을 불태우는 큰 소동을 일으켰고, 끝내 제우스의 벼락을 맞아 땅에 떨어지고 말았지요.

사랑의 다른 이름, 용기

누나들인 헬리아데스가 파에톤이 죽었다는 소식을 듣고 달려왔어요.
그녀들은 아폴론과 클리메네 사이에서 태어난 세 딸이에요.
비록 어머니는 달랐지만 동생을 무척 사랑하고 아꼈지요.
누나들은 동생이 죽은 자리에서 하염없이 울기만 했어요. 무려 넉 달이나
무덤가에서 울다가 포플러 나무가 되었지요. 누나들은 나무가 되어서도
계속 눈물을 흘렸어요. 그 눈물이 햇빛을 받아 눈부신 보석이 되었어요.
동생을 향한 사랑이 담긴 그 보석의 이름은 '호박'이랍니다.

폭풍도 갈라놓지 못한 사랑

아프로디테 여신을 모시는 신전에는 여사제들이 있었어요. 여사제는 신전을 지키고 제사를 지내는 일을 했어요. 그들은 평생 결혼할 수 없었어요. 이를 어기면 신전에서 쫓겨나야 했지요.

그런데 여사제 헤로에게 사랑이 찾아왔어요. 저 멀리 바다 건너 아비도스 왕국에 사는 청년 레안드로스였어요.

레안드로스는 밤마다 바다를 헤엄쳐서 헤로를 만났어요. 배를 타고 가다가 사람들에게 들키면 안 되니까요. 헤로는 바닷가 탑 꼭대기에 횃불을 올려놓고, 레안드로스가 어두운 바다를 무사히 건너오길 빌었지요.

폭풍우 치는 밤, 그가 어두운 바다로 뛰어들었어요. 사랑하는 사람을 위해 목숨을 걸고 헤엄을 쳤지요. 그러나 무서운 폭풍이 그를 꿀꺽 집어삼켰어요. 며칠 뒤, 레안드로스가 파도에 밀려 떠내려왔어요. 헤로는 죽은 연인을 보고 그만 바다에 몸을 던지고 말았어요.

밤마다 헤엄치더니….

울고 울고, 또 우는 에오스

새벽의 여신 에오스에게는 사랑하는 아들, 멤논이 있었어요. 그는 자라서 에티오피아의 왕이 되었지요. 그리스와 트로이가 전쟁을 할 때였어요. 멤논은 트로이 편에서 싸우기로 했어요. 그래서 군대를 이끌고 트로이로 갔지요. 적과 용감하게 맞서 싸웠지만, 승리는 그리스의 것이었어요. 멤논은 전쟁터에서 그만 죽고 말았어요.

사랑의 다른 이름, 용기

하늘에서 지켜보던 에오스는 아들이 죽자 큰 슬픔에 빠졌어요.
에오스가 너무 구슬프게 우니 다른 신들도 눈물이 날 정도였어요.
밤의 여신은 에오스가 불쌍해서 구름으로 하늘을 뒤덮었어요.
제우스는 멤논의 화장터에서 솟아오른 불똥과 재를 새로 변하게 했고요.
그래서 해마다 멤논의 제삿날에 그 새들이 날아와 죽음을 슬퍼하도록
했지요. 에오스는 지금도 아들의 죽음을 슬퍼하며 눈물을 흘리고 있어요.
아침 일찍 풀잎에 맺히는 이슬방울은 새벽의 여신 에오스의 눈물이랍니다.

인간과 신이 사랑에 빠지면 어떻게 될까요?
신은 신끼리, 인간은 인간끼리 사랑을 해야 하는데 그 규칙을 어기면
그만큼 고난이 뒤따랐어요. 하지만 사랑은 모든 위기를 이겨 낼 만큼
강한 힘이 있지요. 신은 인간들이 사랑하는 모습을 지켜보면서
진실로 사랑한 연인들이 늘 함께 살도록 도와주었어요.
사랑은 신과 인간을 하나로 묶어 주는 단단한 끈이었답니다.

신과 인간을 묶어 주는 끈

사랑의 신 에로스의 활약

어머니 말을 어기고 사랑에 빠졌어요

사람들이 미의 여신 아프로디테보다 프시케가 더 예쁘다고 칭찬을 하기 시작했어요. 화가 난 아프로디테가 아들 에로스에게 프시케를 혼내 주라고 했어요. 에로스는 사랑의 화살을 좋은 일에도 쓰지만, 때론 누군가를 골탕 먹일 때도 썼어요. 화살에 맞으면 처음 만나도 금방 사랑에 빠지거든요.
깊은 밤, 에로스가 프시케에게 화살을 쏘았어요. 잠을 자던 프시케가 눈을 떴어요. 그리고 에로스를 보자마자 사랑에 빠져 버렸지요.
에로스도 프시케에게 반했어요.

신과 인간을 묶어 주는 끈

하지만 에로스는 어머니가 무서워서 프시케를 두고 하늘로 올라갔어요. 얼마 뒤, 그녀에게 산꼭대기에 사는 괴물을 남편으로 맞으라는 신탁*이 내렸어요. 그녀는 운명을 받아들였어요. 프시케는 괴물이 사는 화려한 궁전으로 갔어요. 괴물 남편은 밤에 왔다가 새벽에 사라졌어요. 그래서 얼굴을 볼 수 없었지요.

하지만 남편은 아내에게 정성을 다했어요. 보석과 아름다운 옷, 맛있는 음식을 선물했지요. 괴물 남편의 정체는 무엇이었을까요? 사실 그는 에로스였어요. 에로스가 어머니의 눈을 피해 프시케와 결혼을 한 거예요.

★**신탁** 신을 대신해 말하는 거예요.

남편의 정체를 알게 되었어요

어느 날, 프시케 언니들이 궁전에 놀러왔어요.

프시케가 아직 남편 얼굴을 못 봤다고 하자, 언니들이 등불과 칼을 주며 말했어요. "남편이 오면 얼굴에 등불을 비춰. 만약 괴물이면 칼로 찌르렴."

언니들이 프시케에게 질투가 나서 그렇게 말한 거였어요.

프시케는 언니들의 말대로 한밤중에 나타난 남편에게 등불을 비췄어요. 그런데 등불에 비친 얼굴은 바로 에로스였어요. 에로스는 자신을 믿지 못한 프시케에게 화가 나서 떠나 버렸어요.

아프로디테의 세 가지 시험

모든 사실을 알게 된 아프로디테는 둘을 영영 못 만나게 하기로 결심했어요. 프시케는 에로스를 만나게 해 달라고 빌었지요. 아프로디테는 세 가지 시험을 통과하면 소원을 들어주겠다며 프시케를 곡식 창고로 데리고 갔어요.
그곳에는 콩, 보리, 좁쌀 등이 뒤섞인 채 산더미로 쌓여 있었어요. 밤이 오기 전에 종류별로 가려 놓는 게 첫 번째 시험이었어요. 프시케가 발을 동동 구르고 있는데, 개미 떼가 나타나 곡식들을 가려 주었어요.

영원한 사랑을 얻은 에로스와 프시케

두 번째 시험은 강 건너 신비한 황금 양털을 가져오는 것이었어요. 성질이 사나운 황금빛 양은 사람이 다가가면 뿔로 들이받고 이빨로 물어뜯었어요. 프시케가 망설이고 있는데 강의 신이 나타나 사나운 양 떼가 낮잠을 잘 때 털을 가져오라고 했어요. 그녀는 무사히 황금 양털을 가져올 수 있었어요. 프시케가 두 번째 시험까지 통과하자, 아프로디테는 약이 바짝 올랐어요.

마지막 시험은 지하 세계에 가서 신들이 쓰는 화장품을 받아 오는 거였어요.
프시케는 죽음을 무릅쓰고 지하 세계에서 화장품 상자를 가져왔어요.
하지만 상자를 열어 보지 말라는 말을 어기고 열어 보았어요.
그 안에는 '지옥의 잠'이 들어 있었어요. 프시케는 잠이 쏟아져 그 자리에
쓰러졌지요. 에로스는 제우스에게 부탁해, 신들의 음료인 '암브로시아'를
얻어 프시케에게 먹였어요. 그러자 그녀가 살며시 눈을 떴어요.
다시 만난 둘은 영원토록 행복하게 살았답니다.

에로스가 저지른 운명의 장난

히폴리토스 왕자는 아르테미스 여신을 따랐어요. 그는 여신과 함께 사냥하기를 가장 좋아했지요. 남자를 싫어하는 아르테미스도 그의 진심을 받아 주었어요. 그는 아르테미스 말고는 누구도 좋아하지 않았어요. 아름다운 아프로디테에게마저 싸늘하게 대했지요.

기분이 상한 아프로디테가 에로스를 불렀어요. 에로스는 어떻게 하면 어머니 마음이 풀어질까 고민했어요. 그리고 드디어 방법을 생각해 냈어요. 절대로 사랑해서는 안 되는 사람이 히폴리토스를 사랑하게 만드는 거였죠. 에로스는 왕자의 새어머니를 향해 화살을 겨누었어요.

신과 인간을 묶어 주는 끈

화살에 맞은 새어머니는 아들을 사랑하게 되었어요. 새어머니는 아들에게 아르테미스 대신 아프로디테를 섬기자고 했어요. 그는 단칼에 거절했어요. 그러자 새어머니가 왕에게 아들에 대한 험담을 늘어놓았어요. 결국 히폴리토스는 자기 나라에서 쫓겨나고 말았어요.

그는 전차를 타고 바닷가를 달리며 서러운 마음을 달랬어요. 그런데 갑자기 괴물이 나타났어요. 깜짝 놀란 말이 날뛰자 전차가 뒤집어졌어요. 결국 그는 목숨을 잃고 말았어요.

사랑 앞에서 자만하지 말라!

그리스에서 가장 노래를 잘 부르는 청년은 다프니스였어요.
그가 노래를 부르면 처녀들이 앞다퉈 사랑을 고백했지요. 그는 귀찮은 듯 처녀들을 뿌리쳤어요. 그러고는 한껏 우쭐해져서, 누가 자신을 사랑해도 다 거절할 거라고 말했지요.
에로스는 잘난 척하는 다프니스를 혼내 주기로 했어요. 그래서 그의 곁에 물의 요정 에케나이스를 보내고 다프니스에게 사랑의 화살을 쏘았지요. 두 사람은 영원히 사랑하자고 맹세했어요.

신과 인간을 묶어 주는 끈

에로스는 또 장난을 쳤어요. 이번에는 다프니스에게 또 다른 처녀, 크세니아를 보낸 거예요. 에로스의 화살을 맞은 크세니아는 그의 곁을 계속 맴돌았어요. 다프니스는 처음엔 멀리했지만, 그녀가 술을 따라 주며 유혹하자 넘어가고 말았지요. 그 사실을 알게 된 아내는 평생 사랑하겠다는 약속을 어긴 대가로 남편의 두 눈을 멀게 했어요. 장님이 된 다프니스는 평생을 떠돌며 구슬픈 노래를 불렀답니다.

프시케가 나비 날개를 단 이유

수많은 사람과 신들을 사랑에 빠지게 만들며 좌충우돌 늘 소동을 일으켰던 에로스! 그에게도 마침내 사랑이 찾아왔어요. 사랑의 신 에로스를 사로잡은 이는 바로 프시케예요.
프시케라는 이름은 그리스 어로 '나비' 또는 '영혼'이라는 뜻이에요. 프시케가 아프로디테의 어려운 시험을 이겨 내는 과정이 나비가 되기 위한 애벌레의 힘겨운 노력처럼 보였나 봐요.
긴 시간 고통을 견딘 애벌레는 마침내 날개를 펴고 하늘을 훨훨 날아다녀요. 그리고 향기로운 꽃들이 선물하는 달콤한 꿀을 맛보지요. 신들만 먹는 암브로시아가 그런 맛일까요?
프시케의 이야기는 온갖 고난을 이겨 내면 참된 기쁨과 행복을 느낄 수 있다는 것을 가르쳐 주지요.
프시케는 그림이나 조각 등, 수많은 예술 작품에서 나비 날개를 단 처녀로 등장해요. 그리고 그 곁에는 늘 에로스가 있지요.

사랑에 휘말린 신들

부부가 뱀이 되었어요

카드모스는 떠돌이 왕자였어요. 잃어버린 동생을 찾기 위해 온 세상을 돌아다녔지요. 하지만 제우스에게 납치된 동생을 끝내 찾지 못했어요. 이제 왕국으로 돌아갈 수도, 달리 갈 곳도 없는 처지가 되었어요. 아폴론은 그가 불쌍해서 새로운 땅으로 데려갔어요. 카드모스는 그곳에 새 왕국을 세우기로 결심했어요. 이곳저곳을 둘러보는데 샘물에서 큰 뱀이 꿈틀대는 게 보였어요. 카드모스는 단칼에 뱀을 베어 죽였어요. 그리고 그 땅에 테베 왕국을 세웠어요.

신과 인간을 묶어 주는 끈

왕이 된 카드모스는 아름다운 하르모니아를 왕비로 맞았어요.
둘은 자식을 여럿 낳았고, 손자와 손녀도 보았어요.
하지만 자손들은 오래 살지 못하고 모두 일찍 죽었어요. 그 모든 것이
그가 뱀을 죽였기 때문이었어요. 사실 그 뱀은 아레스 신의 것이었어요.
아레스의 저주를 받은 왕과 왕비는 쓸쓸히 테베 왕국을 떠났어요. 슬픔을
이기지 못한 카드모스는 차라리 뱀이 되어 불행한 기억을 잊고 싶었어요.
그러자 정말로 뱀이 되었어요. 남편을 사랑했던 왕비도 똑같이
뱀이 되게 해 달라고 기도했어요. 부부는 뱀이 되어 평생을
같이했어요.

감히 내가 기르는 뱀을 죽이다니….

쌤통이다!

평생….

함께합시다.

영원히 슬퍼하는 늘 푸른 나무

태양의 신 아폴론이 무척 사랑하는 소년이 있었어요. 바로 키파리소스예요. 소년은 아폴론과 함께 예쁜 사슴을 기르며, 풀밭에서 창던지기를 즐겼지요. 어느 무더운 여름날, 키파리소스가 수풀 사이를 어슬렁대는 산짐승을 발견하고 창을 힘껏 던졌어요. 아폴론에게 바칠 짐승이 필요했기 때문이에요.

하지만 비명을 지르며 쓰러진 동물은 그가 가장 아끼던 사슴이었어요. 소년은 제 실수를 알아채고, 큰 충격과 슬픔에 잠겼어요. 아폴론이 괜찮다고 해도 소용없었어요. 소년은 시름시름 앓다가 죽고 말았어요. 그러자 아폴론은 소년을 삼나무로 만들어 주었어요. 제 잘못을 반성하며 슬퍼하던 소년의 마음을 늘 푸른 나무로 기억하고자 한 것이지요. 삼나무는 영어로 '사이프러스'라고 하는데, 키파리소스의 이름에서 따온 말이에요.

너만을 사랑해! 지독한 짝사랑

언니보다 내가 더 예뻐!

바빌로니아 왕국에는 공주 자매가 있었어요. 언니 레우코토에와
동생 클리티에는 누가 더 낫다고 할 수 없이 둘 다 아름다웠어요.
하지만 두 공주는 자기가 더 예쁘다고 생각했지요.
햇살 좋은 날, 두 공주가 정원으로 산책을 나갔어요. 두 공주의
눈부신 모습이 아폴론의 눈에 띄었어요. 아폴론이 한눈에 반한 사람은
언니인 레우코토에였어요.

신과 인간을 묶어 주는 끈

둘이 남몰래 만나는 동안, 세상은 엉망이 되었어요. 태양의 신 아폴론이 정신이 팔린 사이, 며칠 동안 낮만 이어졌지요. 한편 클리티에는 무척 화가 났어요. 아폴론이 언니만 좋아하니 샘이 났지요. 클리티에는 아버지에게 언니가 몰래 남자를 만난다고 일렀어요. 그 말에 화가 난 왕이 레우코토에를 감옥에 가두었고, 그녀는 결국 목숨을 잃고 말았지요. 뒤늦게 사실을 안 아폴론은 그녀의 무덤가에 신들의 음료인 넥타르를 뿌려 주었어요. 그러자 무덤에서 향기로운 나무가 자라났어요.

137

해만 바라보다 해바라기가 되었어요

클리티에는 언니를 배신하면서까지 아폴론을 짝사랑했어요.
그녀는 언니가 없으니 이제 아폴론이 자신만 사랑할 거라고 생각했지요.
하지만 아폴론은 클리티에에게 좀처럼 마음을 열지 않았어요.
클리티에는 꼼짝 않고 온종일 해만 바라보았어요. 아홉 밤이 되도록,
아무것도 먹지도 마시지도 않았어요. 소리 없이 눈물만 흘릴 뿐이었지요.
며칠이나 더 지났을까요? 여전히 한자리에서 해만 바라보던 클리티에는
몸이 서서히 변해 갔어요. 다리는 땅속의 뿌리가, 얼굴은 꽃이 되었어요.
꽃잎은 해를 닮은 노란색이었지요.
클리티에는 꽃이 되어서도 늘 해만 바라보았어요. 꽃은 해가
움직이는 대로 동쪽에서 서쪽으로 움직였지요. 사람들은 그 꽃을
해바라기라고 불렀어요.

보고 보고 또 보고 싶은 나의 아폴론!

공주가 까마귀로 변했어요

포키스 왕국의 공주는 아름다웠지만, 얼음처럼 차가웠어요.
그 누가 청혼을 해도 늘 냉정하게 거절했지요. 어떤 말과 선물로도
공주의 얼어붙은 마음을 녹일 수가 없었어요.
어느 날, 공주가 바닷가로 산책을 나갔어요. 그녀가 해변을 거닐고 있는데
바다의 신이 슬쩍 다가왔어요. 그러고는 다짜고짜 사랑을 고백했지요.
하지만 공주는 바다의 신이 무섭고 끔찍했어요. 그래서 있는 힘을 다해
도망치기 시작했어요.

신과 인간을 묶어 주는 끈

하지만 모래밭을 달리기란 쉽지 않았어요. 자꾸만 모래 속으로 발이 푹푹 빠졌지요. 더는 달아날 힘이 없던 공주가 소리쳤어요.
"도와주세요, 도와주세요!"
그때, 하늘에서 아테나 여신이 나타났어요. 공주는 아테나를 향해 두 팔을 뻗었어요. 그러자 공주의 팔에 까만 깃털이 돋아나더니, 온몸이 까마귀로 변했어요. 까마귀는 모래를 박차고 하늘로 날아올랐어요. 그때부터 까마귀는 아테나를 모시는 새가 되었답니다.

평생 잠자는 사랑

아르테미스는 평생을 처녀로 산 여신이에요. 아버지 제우스에게, 결혼은 물론 어떤 남자도 만나지 않겠다고 약속했지요. 뿐만 아니라 자신이 거느리는 님프들에게도 단단히 주의를 주었어요. "어떤 남자도 만나면 안 돼." 명령을 어기는 님프는 숲에서 쫓겨나야 했지요.

신과 인간을 묶어 주는 끈

어느 조용한 밤, 아르테미스가 숲을 내려다보다가 들판에서 자고 있는 청년에게 마음을 빼앗겼어요. 그는 산에서 양을 치는 목동, 엔디미온이었지요. 아르테미스는 저도 모르게 땅으로 내려와, 엔디미온에게 키스를 했어요.

그러자 제우스가 엔디미온을 해치려고 했어요. 평생 처녀로 살겠다던 맹세를 어긴 딸이 괘씸했거든요. 아르테미스가 제발 그를 살려 달라고 애원했어요. 엔디미온은 죽음을 피하는 대신, 평생 동굴에서 깊은 잠을 자야 했어요.

> 아르테미스 님, 우리는 남자 못 만나게 하시면서!

클로리스가 꽃의 여왕이 되었어요

제피로스는 서쪽 바람의 신이에요. 그가 따뜻한 바람을 일으키면 봄이 찾아오지요. 그 바람은 숲속 생명들을 모두 깨우니까요. 겨우내 땅속에 잠자던 씨앗들을 싹틔우고 꽃을 피우고요. 어느 날, 그가 숲을 걷고 있는데 눈길을 사로잡은 아가씨가 있었어요. 숲에 사는 님프 클로리스예요. 하지만 그녀는 쌀쌀맞게 그의 손길을 뿌리쳤어요.

신과 인간을 묶어 주는 끈

제피로스는 순간 바람을 일으켜 그녀를 자신의 집으로 데려왔어요.
클로리스는 강제로 자신을 데려온 그에게 화가 나, 마주보기는커녕
말 한 마디도 나누지 않았어요. 제피로스는 어떻게 그녀의 마음을 돌릴까
곰곰이 생각했어요. 그는 고민 끝에 부드러운 바람을 숲속에 불어넣었어요.
그러자 꽃들이 피어나기 시작했어요. 그는 그 꽃들을 전부 클로리스에게
주었어요. 그녀는 꽃의 여신 '플로라'가 되어 그와 결혼식을 올렸답니다.

옛날에도 장난감을 가지고 놀았을까요?

지금 어린이들은 장난감을 많이 가지고 있지요. 각자 좋아하는 캐릭터 장난감이 하나쯤은 있을 거예요. 그런데 먼 옛날, 그리스나 로마에 사는 어린이들은 무엇을 가지고 놀았을까요?

그리스와 로마의 유적지에서는 다양한 장난감이 발견되었어요. 그중에서도 흙이나 나무로 만든 인형이 많았어요. 지금의 요요와 비슷하게 생긴 것도 있었고요. 동물이나 여신을 닮은 인형도 있어요. 또 팔다리가 따로따로 움직이는 인형도 발견되었어요. 악기를 든 인형도 있고요.

아래 그림에서 여자아이가 든 인형은 축제에서 공연하는 아가씨를 본떠 만든 것이지요.

진흙으로 만든 옛날 그리스 인형

열두 살 된 아이들은 장난감을 신전에 바치렴!

뿐만 아니라, 군인이나 영웅의 모습을 본떠 만든 건장하고 씩씩한 모습의 인형도 있었어요. 옛날 그리스 로마 어린이들도 지금처럼 다양한 인형들을 가지고 놀았던 것을 알 수 있지요. 하지만 옛날 그리스 로마 시대 어린이들은 열두 살 무렵이면 인형들과 헤어져야 했어요. 그때부터 어른이 될 준비를 해야 했거든요. 그래서 자신의 인형을 아프로디테 신전이나 아르테미스 신전에 바쳤답니다.

신화 놀이터

그리스 로마 신화는 재미있고 흥미진진하지만, 등장인물이 너무 많아서 헷갈릴 때가 있어요. 자, 앞에서 읽은 신화를 떠올리며 각각 인물과 관련된 것을 두 가지씩 연결해 보세요.

카드모스 왕과 하르모니아 왕비

제피로스

서쪽 바람

샘물

플로라

뱀 두 마리

키파리소스

클리티에

아폴론

사슴

삼나무

해바라기

사랑에는 여러 가지 종류가 있어요.
장난스러운 사랑이 있는가 하면, 혼자만 하는 짝사랑도 있고
사랑받지 못하면 미움으로 변하는 사랑도 있으며,
죽음도 갈라놓을 수 없는 뜨거운 사랑도 있답니다. 마음속에 간직한
사랑 이야기는 저 하늘에 별처럼 무수하고, 각자 다른 모습을 하고 있어요.
아직 끝나지 않은 신화 속 사랑 이야기에 귀 기울여 보세요.

아직도 못 다한 사랑 이야기

부부의 애절한 사랑

죽음도 우리를 갈라놓을 수 없어요

오르페우스는 아폴론과 뮤즈인 칼리오페 사이에서 태어났어요. 아버지 아폴론에게는 리라를 선물 받고, 음악의 신인 어머니에게는 재능을 물려받았지요. 오르페우스가 리라를 연주하면 세상은 기쁨으로 가득 찼어요. 그의 연주를 들은 사람들은 큰 감동을 받고 행복해했지요. 심지어 그의 리라 소리에 나무와 바위마저 모여든다는 소문이 났어요. 그런 천재 음악가인 오르페우스에게 사랑하는 사람이 생겼어요. 바로 에우리디케예요. 두 사람은 결혼식을 올리고 행복하게 살았어요.

아직도 못 다한 사랑 이야기

그러던 어느 날이었어요. 에우리디케가 들판을 걷는데, 갑자기 누군가 앞을 가로막았어요. 한 양치기가 그녀를 억지로 데려가려 한 거예요. 그녀는 두려움에 떨며 달아나다 그만 수풀에 있던 독사를 밟아 물려 죽고 말았어요.
오르페우스는 어떻게든 아내를 다시 만나고 싶었어요. 그래서 지하 세계로 내려가 하데스 앞에서 리라를 연주하며 슬픈 노래를 불렀어요.
죽은 자들과 복수의 여신마저 그 노래를 듣고 눈물을 흘렸어요.
그는 하데스에게 제발 아내를 돌려 달라고 애원했어요.
하데스는 오르페우스의 부탁을 들어주었을까요?

절대 뒤를 돌아보지 마!

차갑기로 유명한 저승의 신 하데스도 그의 노래에 감동을 받았어요.
그래서 그는 오르페우스의 아내를 돌려보내 주기로 했어요.
단, 조건이 있었어요. 지하 세계를 지나 땅으로 올라갈 때까지,
절대로 뒤를 돌아보면 안 된다는 것이었어요.
그는 뛸 듯이 기뻐하며 절대 돌아보지 않겠다고 맹세했어요.
오르페우스가 앞장서고 아내가 말없이 그 뒤를 따랐어요.
둘은 어두운 지하 세계를 조심스레 빠져나왔어요.

아직도 못 다한 사랑 이야기

얼마나 지났을까요? 드디어 저 멀리, 밝은 빛이 보였어요.
오르페우스는 비로소 마음이 놓였어요. 다시 아내와 행복하게 살 생각에
가슴이 벅차올랐지요. 그런데 아내가 잘 따라오는지 걱정이 되었어요.
그는 너무나 궁금한 나머지 뒤를 살짝 돌아보았어요.
그가 돌아보자마자, 아내는 순식간에 지하 세계로 끌려갔어요.
그는 아내를 붙잡으려 했지만 어느새 사라지고 없었어요.

난 분명히 뒤돌아보지 말라고 경고했다.

저 하늘에서 영원히 함께해요

오르페우스는 혼자 땅 위로 올라왔어요. 그는 하루하루가 너무나 고통스러웠어요. 사랑하는 아내를 두 번이나 잃었다는 죄책감에 눈물만 흘렸지요. 그는 일주일이나 먹지도 자지도 않고, 멍하니 앉아 있었어요. 마을 처녀들이 찾아와 그를 위로해 주었어요. 누군가는 그를 돌봐 주겠다며 고백을 했어요. 여전히 그는 인기가 많은 음악가였으니까요. 하지만 그는 누구도 거들떠보지 않았어요. 오직 아내 생각뿐이었지요.

마을 처녀들은 콧대 높은 오르페우스에게 점점 화가 났어요.
계속 거절당하는 게 기분 나쁘고 창피했지요.
잔뜩 화가 난 처녀들이 그에게 창을 던졌어요. 그는 죽음도 두렵지 않았어요.
오히려 반갑기까지 했지요. 죽은 오르페우스는 지하 세계로 가 아내를
만났어요. 두 사람은 행복의 들판, 엘리시온에서 영원히 함께 살았어요.
제우스는 그의 리라를 별자리로 만들어 둘의 사랑을 축복해 주었답니다.

물총새가 된 다정한 부부

테살리아 왕국의 왕, 케익스는 시름에 잠겼어요. 형이 갑자기 세상을 떠났거든요. 그는 '혹시 내가 뭘 잘못해서 벌을 받는 걸까?' 하고 고민이 되었어요.

왕은 아폴론 신전에 직접 가서 물어보기로 했어요.

알키오네 왕비는 남편이 바다 건너에 있는 신전에 간다니 불안하고 두려웠어요. 왕은 왕비를 안심시키고 배에 올랐어요. 하지만 왕비의 걱정대로 폭풍이 몰아치자 배가 산산조각 났어요. 왕은 왕비를 부르며 허우적대다 바다에 빠졌어요.

아직도 못 다한 사랑 이야기

아무것도 모르는 왕비는 날마다 헤라에게 기도하며 남편을 기다렸어요. 헤라는 불쌍한 왕비를 위해 꿈의 신 모르페우스를 불렀어요. 그는 케익스로 변신해 왕비의 꿈에 나타나 모든 진실을 알려주었지요.
잠에서 깬 왕비는 정신없이 바닷가로 달려갔어요. 왕의 주검이 파도에 둥둥실 떠밀려 왔어요. 왕비는 그를 끌어안고 바다에 몸을 던졌어요. 이를 가엾게 여긴 헤라가 두 사람을 물총새로 만들어 주었어요.

남편을 기다리는 페넬로페

스파르타 왕국의 공주, 페넬로페는 옷감을 짜는 솜씨가 빼어났어요. 게다가 얼굴도 예뻐서 모두에게 사랑을 받았지요. 이타케 왕국의 오디세우스도 공주에게 반했어요. 이윽고 둘은 부부가 되었어요. 둘이 결혼한 지 1년 되던 날, 트로이에서 큰 전쟁이 일어났어요. 오디세우스는 전쟁터로 갔어요. 페넬로페는 언제까지나 기다리겠다고 다짐했어요. 긴 세월이 흘렀지만 전쟁은 좀처럼 끝나지 않았어요.

아직도 못 다한 사랑 이야기

언제까지 실을 짰다 풀었다 할래….

다시 짜야지, 다시….

사람들은 오디세우스가 죽었을 거라고 했지만, 그녀는 꿋꿋이 기다렸어요. 남자들이 이제 그만 잊고 자기와 결혼하자고 졸랐어요. 하지만 페넬로페는 싫다고 했어요. 보다 못한 오디세우스의 아버지가 다른 사람과 결혼하라고 하자, 페넬로페는 계속 핑계를 댔어요. "아버님 옷만 다 짜고 결혼할게요." 페넬로페는 낮에는 옷을 짜고, 밤에는 실을 다시 풀었어요. 그렇게 시간을 벌면서 언제까지고 남편을 기다렸지요.

영원한 젊음을 부탁할걸!

새벽의 여신 에오스는 인간을 사랑하게 되었어요. 트로이의 왕자 티토노스였지요. 그 역시 아름다운 에오스에게 빠져들었어요. 그는 에오스와 결혼하여 신들과 함께 살기로 결심했어요. 하지만 둘은 걱정이 하나 있었어요. 인간은 신과 달리 영원히 살 수 없으니, 언젠가는 헤어져야 한다는 거예요. 에오스는 제우스를 찾아가 부탁했어요.
"제우스 님, 티토노스에게 영원한 생명을 주세요."
제우스는 그 소원을 들어주었어요.

아직도 못 다한 사랑 이야기

둘은 너무 행복했어요. 수십 년이 지나도 둘 사이는 평화롭고 다정했지요.
하지만 세월이 흐를수록, 티토노스는 늙어 갔어요. 머리가 하얗게 세고
얼굴에는 주름이 생겼으며, 등도 굽었지요. 그제야 에오스는 자신의
실수를 깨달았어요. 제우스에게 영원한 생명을 달라고 했지,
영원한 젊음을 부탁하지 않았다는 것을요.
이제 티토노스는 걸어 다닐 힘도 없었어요. 에오스는 그를 조심히 눕히고,
정성껏 돌보았어요. 그는 이따금 작은 목소리로 흐느끼듯 웅얼거렸어요.
에오스는 눈물을 삼키며 그를 작은 매미로 만들어 주었어요.
"잘 가요, 티토노스."

"잘 가요, 티토노스…."

"영원히 사랑하오, 에오스…."

모든 어려움을 이겨 낸 사랑

암피트리온 왕자는 결혼할 날이 다가오자 하루하루가 설렜어요. 신부가 될 여자는 미케네 왕국의 알크메네 공주였어요. 기대가 컸던 탓일까요? 갑자기 불행이 찾아왔어요.

궁전의 외양간 문이 열려, 왕이 아끼는 소들이 달아났어요. 그 모습을 본 암피트리온은 서둘러 소를 잡기 시작했어요. 겨우 소를 다 붙잡을 때였어요. 저 멀리 무언가 휙 지나갔어요. 소의 그림자 같았지요.

그는 있는 힘껏 돌을 던졌어요. 그 돌에 맞아 쓰러진 것은, 바로 알크메네 공주의 아버지였어요. 어이없게도 왕은 목숨을 잃고 말았어요.

아직도 못 다한 사랑 이야기

실수라고 해도 왕을 죽였으니, 암피트리온은 나라를 떠나야만 했어요. 알크메네는 어디든 함께 가겠다고 말했어요. 두 사람은 먼 나라로 가서 아무도 모르게 조용히 살았어요.

얼마 뒤, 암피트리온은 전쟁터로 나갔어요. 알크메네는 한결같이 남편을 기다렸어요. 마침내 그가 돌아왔어요! 하지만 진짜 남편이 아니었어요. 남몰래 그녀를 짝사랑하던 제우스가 변신한 것이었지요. 아무것도 모르는 그녀는 제우스와 함께 살았어요.

시간이 지나 진짜 남편이 돌아오자, 제우스는 달아나 버렸어요. 그는 아내를 원망할 수가 없었어요. 그저 말없이 꼭 안아 주었답니다.

못 말리는 사랑

갈대 피리가 된 시링크스

시링크스는 사랑스런 님프였어요. 숲에 사는 모두가 그녀를 아끼고 좋아했지요. 하지만 그녀는 남자들의 고백을 번번이 거절했어요. 오직 아르테미스 여신만을 따르며, 함께 사냥하기를 좋아했지요. 그러던 어느 날, 시링크스가 판을 만났어요. 판은 언제나처럼 그녀에게 다가가 달콤한 말을 속삭이며 유혹했어요. 그녀가 달아나자, 판이 그 뒤를 쫓았어요. 마침내 강둑 가까이에서 그의 손아귀에 붙들릴 처지가 되었어요. 시링크스는 신에게 도와 달라고 소리쳤어요.

신이시여, 도와주세요!

아직도 못 다한 사랑 이야기

판이 시링크스를 끌어안는 순간, 그녀는 갈대로 변하고 말았어요. 판은 갈대를 쓰다듬으며 안타깝게 한숨을 쉬었어요. 그때였어요. 그의 숨소리가 갈대 줄기 안으로 들어가 구슬픈 소리를 냈어요. 판은 갈대를 꺾어 피리로 만들었어요. 그리고 이 피리를 '시링크스'라고 불렀어요. 훗날 전령의 신, 헤르메스도 이 갈대 피리를 갖게 되었어요. 눈이 백 개 달린 괴물인 아르고스를 처치할 때, 이 피리에 얽힌 긴 이야기를 들려주었지요. 판의 피리는 오늘날 '팬플루트'라고 전해져요.

167

여신의 장난에 깜빡 속았어요

카르데아는 발랄한 장난꾸러기 여신이에요. 숲을 뛰어다니며
사냥하는 걸 좋아했지만, 그 모습마저도 눈부시게 아름다웠죠. 그래서
신들에게 인기가 아주 많았어요. 하지만 신들이 아무리 따라다녀도,
카르데아는 별 관심이 없었어요. 오히려 그들을 골탕 먹일 생각뿐이었지요.
남자 신이 다가오면, 그녀는 생긋 웃으며 맞아 주었어요.
하지만 이것이 짓궂은 장난의 시작이었지요.

카르데아~ 준비됐어요?

이 날을 얼마나 기다렸는지….

아직도 못 다한 사랑 이야기

카르데아는 남자 신을 데리고 어두운 동굴로 갔어요.
그리고 부끄러우니 뒤돌아 있으라고 했어요. 잠시만 생각할 시간을
달라면서요. 그리고는 신이 기다리는 사이, 살금살금 동굴을 빠져나왔지요.
그러면 남자 신들은 멍하니 서서 온종일 카르데아만 기다렸어요.
밖으로 나온 카르데아는 배꼽을 잡고 눈물까지 흘리며 웃어 댔어요.
이 장난에 속은 남자 신이 한둘이 아니었답니다.

야누스가 장난꾸러기 여신을 사로잡았어요

그러던 어느 날이었어요. 또 그녀에게 반했다는 누군가가 나타났어요.
카르데아는 또다시 장난을 칠 생각에 자꾸만 웃음이 났어요.
그녀는 여느 때처럼 그를 동굴로 데려갔어요. 뒤돌아 있으라고 한 다음,
살그머니 도망치려는 순간! 그가 카르데아를 확 붙잡았어요. 한 번도
들킨 적이 없던 카르데아는 깜짝 놀랐어요. 하지만 그를 뿌리칠
방법이 없었지요. 결국 카르데아는 그와 사귀기로 약속했답니다.

아직도 못 다한 사랑 이야기

유일하게 그녀의 속셈을 알아차린 신의 정체는 야누스예요.
야누스는 뒤통수에도 얼굴이 달려 있어요. 그래서 카르데아가
달아나는 것을 볼 수 있었던 거예요. 야누스는 문지기 신이기도 해요.
오늘날 '야누스의 두 얼굴'이라는 말은 착한 척하지만 실은 나쁜 사람이나,
말과 행동이 다른 사람에게 쓴답니다.

인간은 원래 한 몸이었다?

2천 5백여 년 전에 고대 그리스의 철학자 플라톤이 쓴 〈향연〉은 지금 보아도 재미있는 이야기가 많이 있어요.

인간의 성은 남성과 여성, 두 가지로 나뉘어 있어요. 하지만 인간이 처음 만들어졌을 때는 그렇지 않았어요. 태초에 인간은 남녀의 몸이 한데 붙어 있고, 팔과 다리가 네 개씩이었어요. 두 얼굴은 서로 반대쪽을 보고 있었지요.

빨리 움직이고 싶을 때는 여덟 개의 손발로 데굴데굴 공처럼 굴러가곤 했어요.

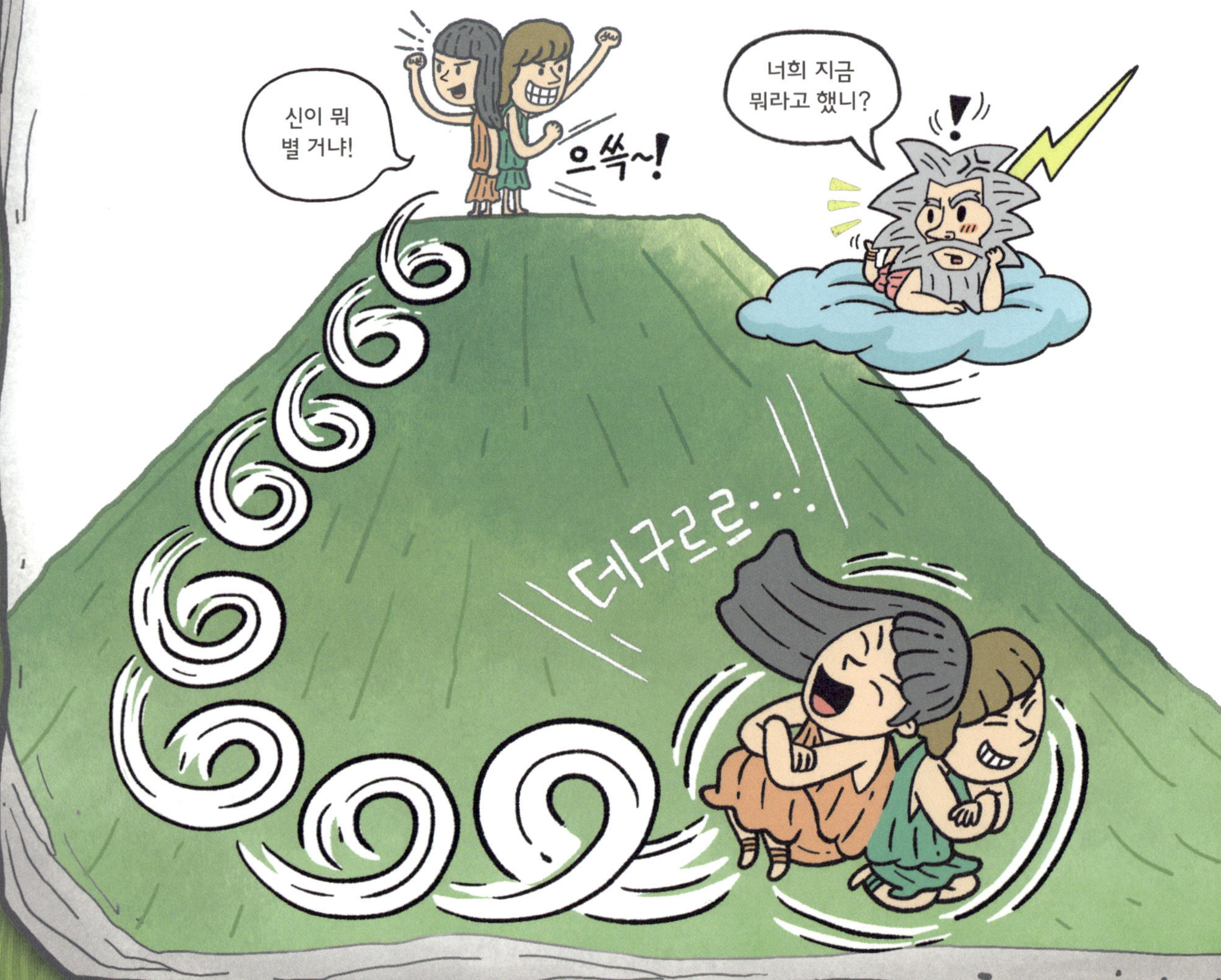

남자와 여자가 한 몸에 있었으니, 힘도 세고 능력도 많아 못할 게 없었어요. 그래서 자만심에 빠져 신의 세계를 넘보기 시작했어요. 자신들이 신보다 못한 게 없다고 생각했으니까요.

제우스는 이 사실을 알고 크게 분노했어요. 인간들을 그대로 두면 안 되겠다고 생각했지요. 제우스는 인간을 절반으로 쪼개 버렸어요. 그러면 힘이 약해질 테니까요. 그가 인간을 반으로 가르면, 의술의 신 아폴론이 치료해 주었어요. 그렇게 인간은 남성과 여성으로 나누어져, 서로를 그리워하게 되었답니다.

숨겨진 비밀 이야기

여자가 되었다가 남자가 되었다가

어느 날, 청년 테이레시아스가 놀라운 일을 겪었어요. 숲길을 걷는데 뱀 두 마리가 뒤엉켜 싸우고 있는 거예요. 청년은 깜짝 놀라서 막대기로 뱀을 내리쳤어요. 그것은 마법의 뱀이어서 때리는 순간, 그를 여자로 바꾸었어요. 테이레시아스는 하루아침에 여자가 되자 너무나 당황스러웠지요. 하지만 달라진 모습을 받아들일 수밖에 없었어요.

아직도 못 다한 사랑 이야기

그는 마을로 돌아와 평범한 여자로 살았어요. 어느덧 사랑하는 남자를 만나 결혼해 아이까지 낳았답니다. 그렇게 7년이 지났어요. 테이레시아스는 또다시 숲에서 뒤엉킨 뱀들을 보았어요. 전에 본 마법의 뱀이 분명했어요. '나를 여자로 바꾸었으니 다시 남자로 바꿀 수 있겠지?' 그는 있는 힘껏 막대기를 내리쳤어요. 그러자 테이레시아스는 다시 남자가 되었어요.

장님이 되었지만 지혜를 얻었어요

어느 날, 제우스와 헤라가 말다툼을 했어요. 남자와 여자가 사랑에 빠지면 누가 더 행복한가에 대해서였지요. 제우스는 여자가, 헤라는 남자가 더 행복하다고 주장했어요. 좀처럼 결론이 나지 않자, 제우스와 헤라가 테이레시아스를 불렀어요. 그가 남자와 여자로 살아 보았으니, 답을 알 거라고 생각한 거예요. 제우스와 헤라는 그에게 어서 대답하라고 재촉했어요.

아직도 못 다한 사랑 이야기

"여자가 더 행복합니다."
테이레시아스가 머뭇거리다가 제우스 편을 들었어요. 그러자 헤라가
불같이 화를 내며 그를 장님으로 만들어 버렸어요. 제우스는 그에게 미안한
마음이 들었어요. 하지만 다른 신이 내린 저주를 풀 방법이 없었지요.
그래서 그에게 미래를 내다보는 마음의 눈과 긴 수명을 주었어요. 그는 비록
눈을 잃었지만, 대신 앞을 내다보는 능력을 얻었지요.

파마는 이야기 여신이에요

세상에서 '이야기'를 가장 좋아하는 여신이 있어요. 그의 이름은 파마예요. 파마의 신전은 땅과 바다와 하늘의 중간에 있었어요. 아무리 멀리 떨어진 곳이라도 훤히 보이고, 소곤거리는 작은 소리까지도 전부 들을 수 있는 곳이지요. 또한 신전에는 입구와 통로가 많이 있었어요.

문이 없어서 수많은 이야기가 밤낮으로 재잘재잘 흘러들어 갔지요.

파마의 신전에는 세상에서 떠도는 이야기들이 끝없이 맴돌았어요.
진실과 거짓말, 아름다운 칭찬, 욕, 남자들끼리 하는 이야기,
여자들이 몰래 하는 이야기, 사랑을 속삭이는 은밀한 비밀과 이별까지요.
그 이야기들은 신기하게도 서로 다른 이야기와 합쳐져, 더 큰 이야기로
바뀌었지요. 파마 여신은 새로운 이야기를 계속 찾았어요. 그리고
그 이야기들을 신과 인간에게 전해 주었지요.

태양계를 맴도는 신들

태양을 중심으로 둥그런 원을 그리며 움직이는 별들을 '태양계'라고 해요. 움직이는 별들은 '행성'이라고 하고요. 태양계 행성은 모두 여덟 개예요. 그중에는 우리가 사는 지구도 있어요. 태양에서 가장 가까운 행성은 수성이에요. 더 멀리로 금성, 지구, 화성, 목성, 토성, 천왕성, 해왕성 모두 태양 주변을 돌고 있지요.

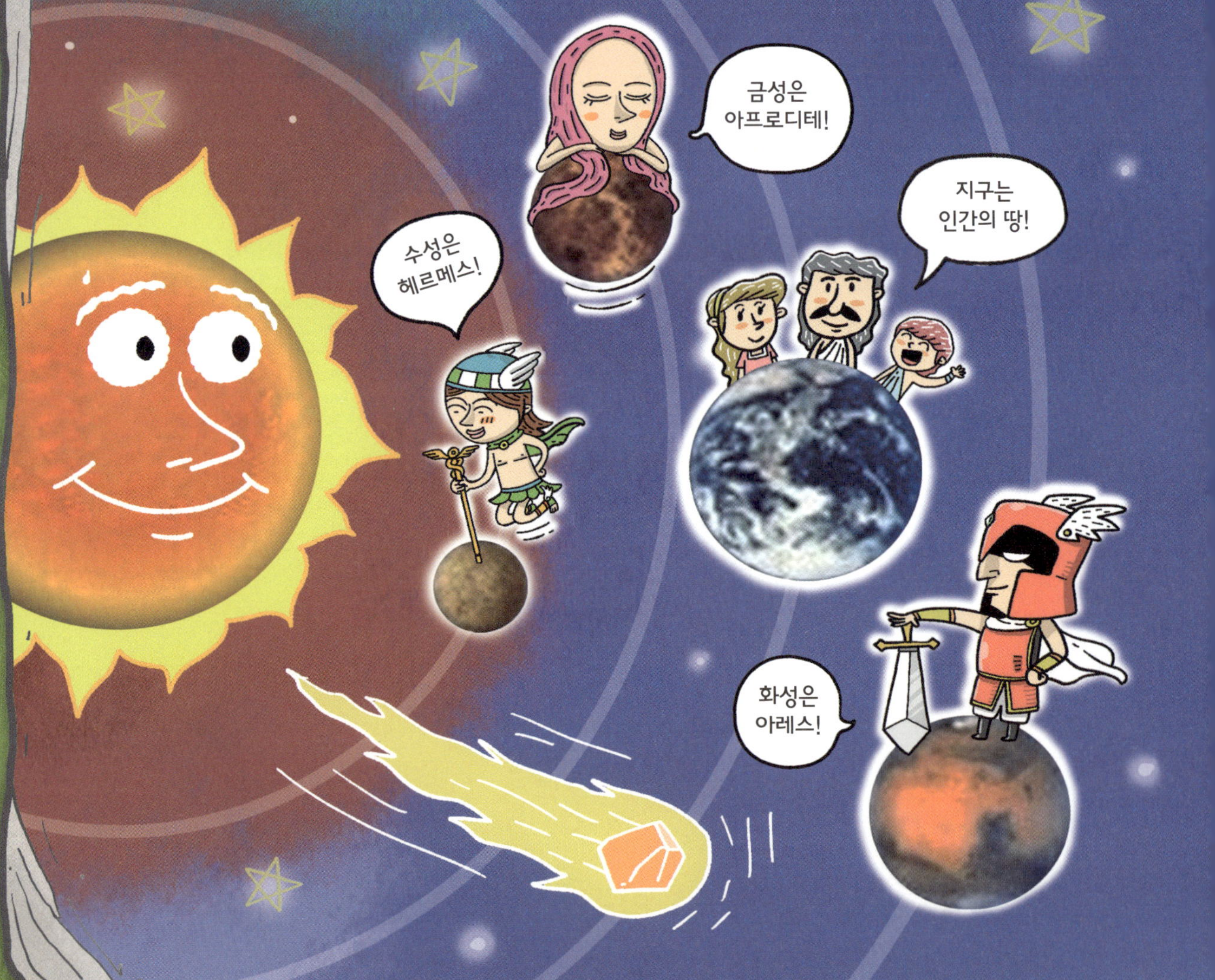

금성은 아프로디테!

지구는 인간의 땅!

수성은 헤르메스!

화성은 아레스!

 정답

▼ 40~41쪽

▼ 86~87쪽

▼ 116~117쪽

▼ 148~149쪽

▼ 182~183쪽

〈그림으로 보는 그리스 로마 신화〉
시리즈는 모두 5권입니다.

1권 올림포스 시대
2권 신과 인간
3권 신들의 사랑 이야기
4권 영웅들의 모험
5권 일리아스와 오디세이아

〈그림으로 보는 세계사〉도 함께 읽어요!

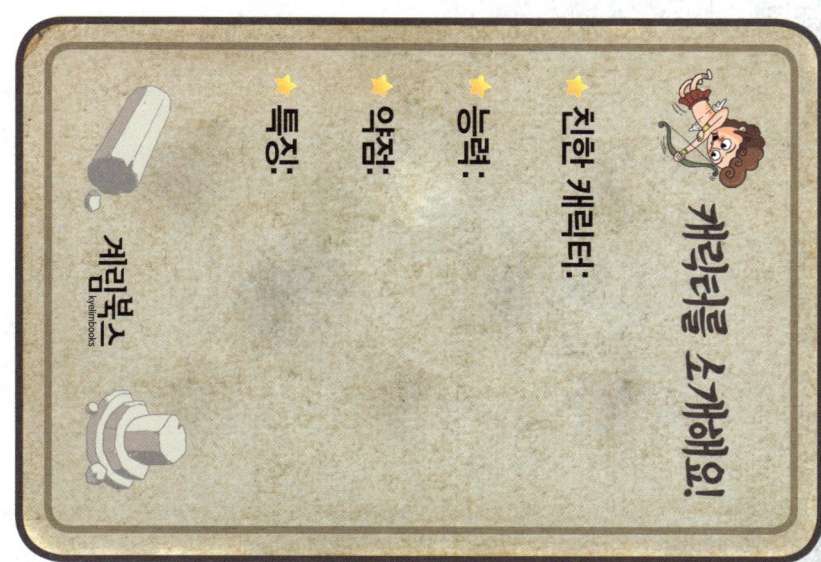

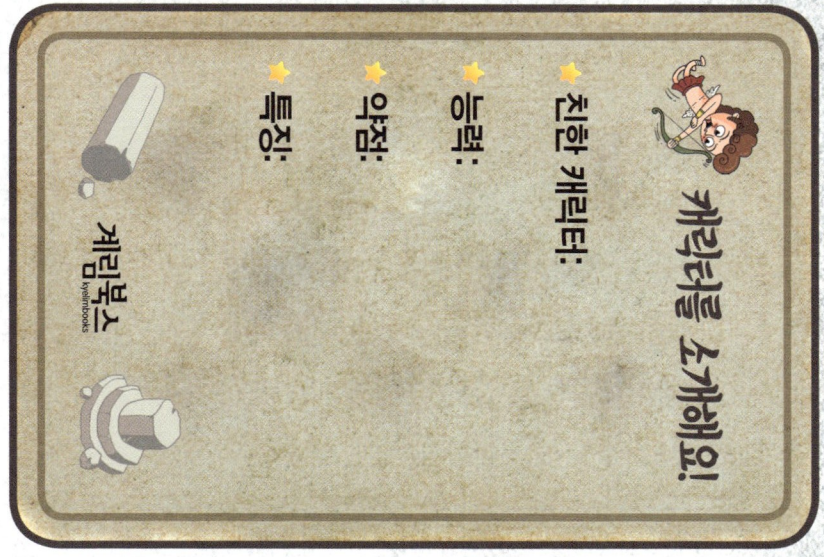

게임 방법 Ⅱ
1. 친구와 카드를 7장씩 나눠 가져요.
2. 〈그림으로 보는 그리스 로마 신화〉를 읽은 뒤, '캐릭터를 소개해요'의 빈칸을 써요.
3. 캐릭터 그림이 안 보이게 카드를 뒤집어요. 상대방에게 각자 쓴 '캐릭터를 소개해요' 내용을 읽어 준 뒤, "어떤 캐릭터일까?" 하고 문제를 내요.
4. 상대방이 문제를 맞히면 카드를 주고, 못 맞히면 문제를 낸 사람이 갖고 있어요. 카드를 많이 모은 사람이 이기는 게임이에요.

게임 방법을 다양하게 만들어 보세요.

그리스 로마 신화 캐릭터 카드 ③

게임 방법 I

1. 친구와 카드를 7장씩 나눠 가져요.
2. 캐릭터에게 힘을 주세요. 파란색 원에는 지력, 빨간색 원에는 체력, 노란색 원에는 마법력을 나타내는 숫자를 써요. 이때 세 힘의 합이 100을 넘으면 안 돼요. 그런 다음, 캐릭터의 전체 힘을 나타내는 별을 색칠해요.
3. 친구와 지력, 체력, 마법력, 전체 힘 중에서 무슨 대결을 할지 정해요.
4. 카드를 한 장씩 동시에 내고 누구의 숫자가 높은지 대결해요. 숫자가 큰 카드를 가진 사람이 상대방의 카드를 가져올 수 있어요.

카드를 오려서 재미있는 카드 게임을 해요.

(——— 자르는 선)

폴리페모스

페르세우스

사티로스

아프로디테

파에톤

에코

8× 캐릭터를 소개해요! 카드 템플릿

- 친한 캐릭터:
- ★ 능력:
- ★ 약점:
- ★ 특징:

계림북스